JN290450

あなたの年収を3倍にする料理のパワー

「仕事のスキル」「潜在能力」が開発される究極の自分磨きツール

臼井由妃
Yuki Usui

SOGO HOREI

プロローグ　成功したければ、料理をしよう！

■人生を成功へと導く強力なツール

あなたは今、幸せだろうか？
そう聞かれて、迷わず「はい」と答えられる人はどれだけいるだろうか。

「お金がない」
「努力しているのに、上司は分かってくれない」
「モテない」

「仕事に追われて、自分の時間がない」
「生きる目的が見つからない」

このように、「うまくいかないことばかりで、幸せなんてほど遠い」と、思っている人もいるかもしれない。

そんなあなたは、もしかして……。

料理をしていないのではないだろうか？

または、料理はしていても、本当の「料理力」を使っていないのでは？

「えっ？　料理」と驚かないでほしい。
この本では、**あなたの人生を成功へと導く方法**を伝えたいのだ。
あなた自身もまだ気づいていない、本来の実力を発揮させ、いいことを引き寄せ、毎日「ツイてる！」「幸せだ」と感じられる強運体質を作る方法。

そう、その方法が料理のパワーである「料理力」なのだ。

もし、あなたが「料理なんて、男のすることじゃない」と、奥さんやお母さんなどにやらせているとしたら、それはとてももったいないことなのだ。

なぜなら、**料理をあなた自身がすると、あなたの潜在能力は開花し、思いもかけない幸運が次々とやってくる**ようになるからだ。

■幸せな成功者の秘訣

信じられないだろうか？

それでは、その証拠をお見せしよう。

私がお付き合いのある推定**年収2000万以上の、勢いがある社長100人**（男女比は8対2）に料理に関するアンケートをしてみた。

なんと、**ほとんどの人が「料理好き」**だったのだ。

彼らは、富も地位も名誉も手に入れた**「成功者」**と言われる人たち。

そのうえ、人望も厚く、誰からも慕われる**「人格者」**でもある。

つまり、幸せな成功者だと言える。

しかも彼らから、**料理を自らすることで、成功を手に入れた**と言っても過言ではない話を聞くことができたのだ！


その証言をここで少し紹介しよう。


「カレーを作ろうとすると、まず材料をチェックして、次に道具がそろっているか、材料の切り方や調理の手順……、いろいろ考えなければいけない。なぜ、玉ネギを最初に炒めるのか。その理由は？　次に、何を入れるのか……。つまり、**段取り**を押さえておかないと料理は作れない。これって、**知的好奇心がくすぐられる**んだよね」

（化粧品会社社長　45歳　T氏）

「料理って、たとえ失敗しても元に戻って再挑戦できるし、どんな間違いをおかしたのかが、すぐに認識できる。結果が次の課題を引き出してくれるから**分析力や発想力が鍛えられる**。そこがいいんだよ」

（自動車販売業社長　38歳　O氏）

「料理を作るようになってから、**発想力が豊かに**なったことは正直、驚いている。新商品のアイディアが次々に浮かぶようになって、**会社の年商は3倍**になった。これは料理のおかげだと信じている」

（輸入雑貨販売業社長　47歳　K氏）

彼らにとっての料理とは、出来合いの惣菜をスーパーに買いに行き、お皿に盛っただけ、電子レンジでチンするだけの「料理もどき」ではない。

お腹が空き、作るのは自分しかいないからと、仕方なく作る「えさ」ともとれる感情が感じられない料理とも、全く違う。

食べる人の体調や年齢などを考慮しながら、食材を選び、分析し、その個性を有効かつ合理的に生かす方法は何なのかを考え、的確に処理する。
持てる実力を全開して挑む**「自己表現」**とも言えるものなのだ。

私が知る限り、**仕事ができる人ほど、料理もできる**。
みんな忙しいから、料理を作る時間はそうかけられないが、並の主婦よりも短時間に段取りよく仕上げてしまう。

料理は、創造的な仕事だから、掃除や洗濯は苦手と言う男性であっても、料理だけは他の人にさせたくないというのが、彼ら共通の意見であった。

■年間700回！　究極の自分磨き法

自分磨きやスキルアップの目的で、資格の勉強をしたり、セミナーに通ったりする人は多い。
しかし、長続きしないし、何も身につかなかったと言う人は多い。

あなたも、覚えがないだろうか？

結果がすぐに見えないから楽しくない。だから長続きしない。

勉強マニアやセミナーオタクになるだけで、成功へのステップが見えず、達成感が得られない。

こんなあなたには、**「料理をしなさい」**と私は言いたい。

なぜならば、**1日2回料理を作る人で、年間で700回あまりの自分磨きができる**からだ。

しかも、誰でもすぐに始められ、成果もすぐに現れる。

どんな勉強法でも、こんなにカンタンに効率よくできるものはないと言えるのではないか？

3回も料理を作れば、確実にあなたに変化が訪れる。「3日坊主で止めた」なんてセリフが出ないうちに、あなたは成功へと歩み出すのだ。

知的好奇心が満たされ、実行力や決断力、発想力が高まり、段取り上手になる。

食材とじっくり向き合い、集中して料理を作る。

あなたに問題点やストレスがあれば、料理に形となって現れる。

料理を作ることが、あなた自身を知ることにもつながるのだ。

幸せな成功者はみんな料理好き。

料理をすることが能力アップや成功へ導くことを彼ら成功者は、体験的に知っているのだ。

「料理力」を身につけることとは、自分を知り、問題点を解決し、なりたい自分になる、幸せになるための世界一簡単で効果のある方法だと断言したい。

■私の能力を発揮させてくれた「料理力」

私は16年前、病身の主人に代わり、突然社長の座についた。

2年あまり、自分では必死になって仕事をしているのに、一向に成果が上がらなかった。

社員による横領事件や取引先の倒産と、嫌なことが続き将来に向かっての希望や夢など見られない。壁にぶつかって身動きとれない自分がいた。

その頃の私は、忙しさを理由に料理は人任せで、その人への感謝の気持ちも持たず、社員への愛情も足りなかったのだ。

「何かを変えなくては……」そう思って、以前は大好きだった料理を再開した。

最初は気分転換のつもりで始めた料理だったが、やがて……。

思いもかけない幸運が次々にもたらされるようになった。

仕事の幅が広がり、今では講演や執筆、経営コンサルタントの仕事をさせて頂けるようになった。**私の年収も社長就任時の5倍になった**のである。

もちろんお金だけではない。多くの友人や協力者、応援してくださる人々に囲まれ、喜びに満ち溢れた毎日をおくることができる。

何よりも「幸せだ」と胸を張って言える自分になったのだ。

私は、忙しいときでも料理をする。

料理力の無限のパワーを実感しているからだ。

「料理力」は私の能力を引き出し最高の自分を発揮させてくれた、究極の幸運ツールなのだ。

料理力を実践すれば、あなたも、思い通りの人生が手に入る。

最高の自分に出会える「料理力」。

その秘密を、これからお伝えしよう。

臼井由妃

あなたの年収を
3倍にする
料理のパワー

◎

目次

プロローグ　成功したければ、料理をしよう！　1

1章　できる人は「運命」と「料理」の関係を知っている

料理と料理力の驚くべき違い　18
成果の出ない日々からの脱却！　21
仕事能力「6つの条件」が磨かれる　26
人もお金も幸運も引き寄せる「成功顔」になる　32
人生を成功へと導く3つのパワーが入っている　37
各界の成功者はみんな料理をしている　43
100名の社長に聞きました！　52

2章　自分をマネジメントするパワーがつく

脳細胞活性化により未知の可能性発揮　58
感性を磨くには心と体の声を聞く　62
本当に食べたい料理でチェレンジ精神を養う　65
レシピ熟読で分析力を身につける　70
優先順位が明確になり成功スピードが加速する　73
優秀な部下・調理器具で判断力を身につける　77
数字で考えるクセは身を助ける　82
法律家に料理好きが多い理由　86

3章　問題点を解決するパワーがつく

料理に集中することで問題点が見えた　94

チャンスをものにできない人は食材と向き合おう 99
食べてもらう相手の視点に立てば、人間関係は良好になる 104
意識と行動を変える、思いやりの料理力 107
ミスが多い人は、相手の「おいしい」をイメージ 112
どうやって食べるかが頭の回転を決める 118
心動変化を起せば、あらゆる問題は解決する 122
料理力で悩みを解決しカリスマ経営者へ 132

4章 潜在能力が開発され、夢を叶えるパワーがつく

幸運な流れ「フロー」を起こす 140
夢が変わる！ 潜在意識が前向きに動き出す 146

右脳を活性化させる料理のヒミツ 150
夢を実現する「ゴールからの発想」が身につく 154
言葉のパワーを料理に込める 158
「ありがとう習慣」であなたの成功は約束される 162

5章　3日間集中！　実践・必ず成功する料理力

3日で差がつく料理力～牛肉のたたき 172
成功を加速させ、味付けを決める「いち・いちの法則」 178
脱・包丁尊重主義～誰でもできる手のぬくもりを感じる一品 184
最低限用意すべき調理器具 188
「男の料理」でがんばりすぎないのが料理力 194
料理ベタの人などいない 198

付録　手早くできて強運体質を作る最強レシピ

強運体質を作る清く正しい日常食　206
成功者のスペシャルメニュー　214

エピローグ　思い通りの人生をあなたへ　224

装丁／渡邉民人

The Power of the Cooking to make Your Annual Income Three Times

1章

できる人は「運命」と「料理」の関係を知っている

The Power of the Cooking to make Your Annual Income Three Times The Power of the Cooking to make Your Annual Income Three Times

「料理」と「料理力」の驚くべき違い

料理には底知れないパワーがある。

ほとんどの人は気づいていないが、**意識して料理をすることは、「究極の自己鍛錬」につながるのだ。**

食べてもらう相手のことを考える。そして食材とじっくり向き合い、集中する。常に完成しているゴールを思い描き、その料理が一番おいしく食べてもらえる段取りで進める。左右の手と五感をフル活用することで、全脳を使う。これは、硬直した頭を解きほぐし、どんな無理難題に直面しても負けない思考力と行動力を養うことになるのだ。

そして、どんなにその時の料理は成功しても、次の機会はまた一から初心に戻って、始めなければいけない。料理をつくることで、ビジネス能力として身につけておきたい分析力や、持続力が自然につくと同時に、素直さや謙虚さなど人としての資質も磨かれるのである。

しかし、「日常的に料理を作る奥さんや料理人はみんな日々自己鍛錬をしていることになるのではないか？」と疑問に思われる方もいるだろう。

これが、「料理」と「料理力」の違いなのだ。

単に食材を調理し、出来上がった物を「よくできた」「美味しかった」「お客様に誉めて頂いた」で終わらせるのは「料理」ではある。

料理自体も確かにすばらしいことだ。しかし料理は、運命を好転させるパワーを持つ「料理力」には及ばない。

レシピを読みながら、食材を揃えて作る料理、仕事の一環としての料理、何となく作る料理は、段取り力はつくかもしれないが、料理力を使っているとは言えない。

ましてや、嫌々作る人は、何度料理をしても、料理力の恩恵に与ることはできない。

料理力とは、一言で言ってしまえば、**「自分の人生に成功を引き寄せる総合プロデュース能力」**が身に付くことなのである。

成功をする人は、必ず総合プロデュース能力が身についている。この能力には、感謝や思いやりの心、相手の立場やタイミング、そして時代の**状況を瞬時に読み取る感性**が必要になってくる。さらに、常にトライ&エラーを繰り返し、**初心を忘れない**。

このプロデュース能力を身につけるのに、もっとも効果的なのが、意識して料理をする「料理力」なのだ。

これが、料理とは一味違う、「料理力」の特徴なのだ。

難しいことは何もない。あなたが料理に対して抱いている意識をほんの少し変えるだけ。そうすれば……。誰でもできる簡単な「料理」で、あなたの人生は成功へと着実に歩みだす。それほどのパワーが「料理力」にはあるのだ。

まだ、あなたは疑っているだろうか？　なにより私自身がこの料理力によって、人生が劇的に好転しているのだ。これを元に、この章では、ビジネスで、人生で成功している人が身につけている料理と運命の関係にせまってみようと思う。

成果の出ない日々からの脱却！

私が「料理力」の存在に初めて気づいたのは、今から14年ほど前になる。

当時私は、病身の主人に代わり突然社長に就任し、ビジネス社会の仕組みや商品知識もないまま、目の前の仕事を片付けるだけで精一杯の毎日をおくっていた。

普通、社長になるぐらいの人なら一般常識や実務の見識をもっていて当然である。しかし、私は会社勤めの経験がないうえに、吃音症を抱えていた。

それゆえに社員や取引先と誤解が生じたり、トラブルから人が離れていったりと、嫌なことばかりが続く。

「こんなに頑張っているのに、なぜ人は分かってくれないのか」

「なぜ成果が出ないのか」

自分の殻にとじこもるだけで、何も解決しない日々に嫌気がさしていた。

主人が入院していた病院と会社との往復だけの毎日。

仕事が終わるのは深夜を過ぎることもたびたびで、食事はコンビニやスーパーの弁当やカップラーメンで済ます。

食べることの意欲や料理を作る気力も失せて、ただ「お腹さえ満たせばいい」そんな生活だった。

そんなある日、深夜遅くに、急にお腹が空いた。

考えてみれば一日中新製品の営業で取引先を飛びまわり、ろくに食事を取っていない。

「炊き立てのご飯が食べたいな」「味噌汁と漬物と……」

久しぶりに簡単な料理を作ろうと考えたのだ。

しかし、米びつは、空っぽ。

味噌も残りわずかで、とても味噌汁を作るほどの量はない。

冷蔵庫の中には、ひからびた長ネギ、賞味期限を一ヶ月も過ぎたきゅうりの漬物。腐りかけのイチゴ、いつ買ったのか覚えていない卵やお歳暮に頂いたハムがそのままの状態でころがっているだけ……。残りのスペースのほとんどは、清涼飲料水が占めている。

そう言えば、最後に料理を作ったのはいつだっただろうか？

……覚えていないのだ。

短大で栄養士の勉強をしたほど、料理好きの私だったのに……。

おまけに、冷蔵庫の奥は、入れっぱなしの醤油や酢のびんから染み出した汚れがこびりついている。それらを拭いているうちに、涙が出てきた。

「私はいったい何をしていたのか？」

仕事が忙しいから、ひとりだからと料理を作らなかっただけではない。

「私はこんなに一生懸命なのに、周囲は理解してくれない」

「私は悪くないのに、周囲は理解してくれない」

自分の非を認めようとしないで、成果が出ないのを、すべて周囲のせいにしていたのではないか。人の愛や思いやりに気づかず、自分勝手な論理で仕事をしていたのではないか……。

ひからび、腐っている食材は私自身であり、汚れた冷蔵庫は、私の心の現われなのだ。

「好きな料理も満足にできない人間に会社の経営が務まるはずなどない」

その日を境に、再び料理を作るようになった。

食材と向き合い、そのものが一番生かせる方法を考え、簡単だがおいしくなるプロセスを検証し、ときには、社員や友人に料理をご馳走したり……。

すると**驚くべき変化**が起こったのだ。

満足に話をしてくれなかった社員による、新製品のアイデアの提案。

私の話に耳を傾けてくれなかった取引先からの大口の注文。

主人の病状の回復……。

次々にいいことが起こるようになった。

何よりも、「毎日幸せだ」「明日はもっとよくなる」と、思えるように**私自身が変わることができた**のだ。


「ただ意識して料理をしただけ」である。

料理をすることで起きた嬉しい変化に、**「料理には底知れない力」＝「料理力」があると**私は知ったのだ。

そして……。
料理と仕事の能力とは深い関係があることも分かってきた。

仕事能力「6つの条件」が磨かれる

仕事ができる人の条件とは、何があげられるだろうか。
私が思うには、次の能力が備わっていることではないだろうか。

①積極果敢な決断力や判断力
②柔軟な発想力
③物事の本質を捉える洞察力
④変化に動じない冷静さ
⑤効率的に仕事を片付ける段取り力
⑥コミュニケーション力

これらの能力が完璧に備わっていれば、どんな仕事であっても成功は約束されたようなものだ。しかしそうは言っても、そんな人などなかなかいるはずもない。

みんな、不足している能力をいかに補うか、備わっている能力をさらに完璧なものにするにはどうしたらいいかと、悪戦苦闘しているのだ。

実はこれらの能力は、**料理を作る上で欠かせない能力であり、料理を作ることで磨かれる能力**でもある。

①積極果敢な決断力と判断力

決断力と判断力は、料理を作る際に最も重要な能力である。

この能力が欠けている人は、献立ひとつまともにたてられず、「何が食べたい？」が口ぐせだったりする。

レシピに書いてある「こんがりときつね色に焼き上がったら出来上がりである」の判断がつかず、「きつねの毛はどんな色だったか」などと考え込んで、食材を焦がしてはゴミ箱行きにしてしまう。

いつになったら終了するのかの決断がつかず、焼き魚を何度もひっくり返しては、見るも無残な状態にする。

②柔軟な発想力

「柔軟な発想力」があれば、回鍋肉に使うのは何が何でもキャベツでなくてはいけないという固定観念をいつでも捨てられる。より安くて新鮮な青梗菜やピーマンがあれば切り替えることができる。

マーボー豆腐が転じて、新鮮なナスを使ったマーボーナスになり、昨日の残りのクリームシチューは、立派なメイン料理のドリアに変身させることもお手のものである。

③物事の本質を捉える洞察力

いかにも採りたて、もぎたてのように水滴がついた新鮮そうなきゅうりやトマトを買ってみたら、中身はスカスカで食べられた物ではない……。

こんな失敗は「物事の本質を捉える洞察力」があれば、回避できる。

④変化に動じない冷静さ

「変化に動じない冷静さ」があれば、突然の来客に驚くこともない。

買い置きののりにゴマ油を塗り、塩を一振りしてあぶり、韓国風の焼きのりを作り「先ずはビールでもいかがですか?」と時間をかせぎながら、落ち着いて次のステップに向かえる。

3人分しかない牛肉のステーキも、切り分け、玉ネギのスライスや千切り野菜とともにご飯にのせ、たれをかけて6人分の食事にするという芸当も、いとも簡単に行えるのだ。

⑤効果的に仕事を片付ける段取り力

長い時間をかけてレシピを読みながら料理をすれば、誰でもある程度の料理は作れるが、時間内に限られた食材で料理を作ろうとすると「効果的に仕事を片付ける段取り力」が必要となる。

また、熱いものは熱いうちに、冷たいものは冷たいうちに食べようと思ったら、頭の中でタイムマネジメントができていなければいけない。

簡単な料理であっても「刻んでフライパンで炒めている間に、別の鍋にお湯を沸かして茹でて……」と段取りを考えて作業しなければおいしい料理は完成しない。

⑥コミュニケーション力

入れ歯の人に、自分が好きだからと、「いかのてんぷら」や「こんにゃくの煮物」でもてなすのは困ったものである。食材がすべる、あるいは噛み切れないで、食べ心地の悪さといったらないだろう。

得意料理だからと、いつもこってり系のビーフカレーを作る友人がいるが、肉の苦手な人もいるし、年齢を考えてあっさり味を好む人もいる。

相手の年齢や健康状態、趣味趣向を考え、思いやりの心で料理を作る。そこに言葉がなくても、「コミュニケーション能力」を高めることになるのだ。


この6つの条件以外にも、料理と仕事は本当に共通点が多い。

逆を言うと、**料理を作る（練習する）と、仕事もできるようになる**のだ。

嘘だと思う人は、あなたの周囲にいる仕事のできる人に聞いてみるといい。

「仕事ができる人は料理ができると言うが本当？」

「本当だよ、料理ができる人は仕事もできるんだよ」

そう答えが返ってくるに違いない。

人もお金も幸運も引き寄せる「成功顔」になる

意識して料理を作るようになってから、1年ほどたった時のことだが、私は、料理力のさらなる威力を知ることになった。

1年ぶりに会った知人に気になる一言を言われたのだ。

「臼井社長！　何だか**雰囲気が変わったね**」

「変わった？　どこが……」

「正直言ってね、以前は、やり手の女社長って感じで、仕事はできるけれど、付き合いづらいと言うか、人を寄せ付けない感じがしていたんだ」

〝付き合いづらい〟とか、〝人を寄せ付けない感じ〟とは、手厳しい指摘だ。

確かに、社員からは煙たがられ、取引先ともうまくいかない。笑顔で接しても反応は今ひとつで、自分でも何が悪いのか分からない状態が長く続いていたのは事実だ。

意識して料理を続けていたら、それらの問題も少しずつ改善してきたが、雰囲気まで変わるとは……。

「今の私ってどんな感じなの？」

すると、思いがけない言葉が返ってきた。

「成功顔をしているよ」

成功顔とは初めて聞く言葉だ。

知人によると、成功顔とは **「自信に満ち溢れていて、見ているだけで、周囲の人も幸せを感じる顔」** なのだそうだ。

成功顔になると、その人と仲良くしたい、手助けしたいという人が自然と増えてくる。一緒にいるだけで、幸せを感じられるのだから、本人の知らないところで、応援団ができ仕事もプライベートも上手くいくのだ。

成功顔とは、人もお金も幸運も引き寄せる強運ツール。

「成功顔を手に入れたら怖いものなしだぞ」知人は笑いながら断言した。

「ところで、成功顔の臼井社長、何か特別なことをしたのかね？」

特別なことなど何もないが……、**もしかして料理？**

私は1年ほど前から、意識して料理を作り続けていることを話した。

「その料理が成功顔をプレゼントしてくれたんだよ、間違いない」

それから、自分の周りにいる成功している社長・成功顔の社長には料理好きが多いこと。マルチな才能で活躍するタレントには料理上手な人が多いことなど、知人は熱弁を奮った。

やがて、ふたりの間では一時のブームに終わらず長く成功し続けるには、この成功顔を作る「料理力」をつけるべきだという結論に達したのである。

メイクや髪型で作られた雰囲気は、すぐにボロが出る。

「成功顔」とは、体の中から自然ににじみ出てくる、**成功する人だけが持っているオーラに導かれて出来上がる**のだ。

体調のいいときや仕事にのっているときに、何となくだが、いい顔をしていると感じたことはないだろうか？　成功顔はその延長線上にあると言っていい。


成功顔の人は誰だって放っておくはずなどない。

吃音症で人との関わりが苦手だった私でも、何かトラブルがあればすぐに飛んできてくれる友人もできた。資金繰りに窮余したときには、手を差し伸べてくれる人、スポークスマンのように商品の宣伝をしてくれる人、知恵を与えてくれる人……。


お金や名誉や地位が手に入るだけでない。

料理力が与えてくれた「成功顔」によって、幸せの輪がどんどん広がっていった。

講演会の依頼が2倍に増える、会社の売上げが右肩上がりになる、念願だった英会話が瞬く間に身につく。勉強の楽しさを知り、その後の宅建や行政書士の資格取得にはずみがつく。

仕事の幅が広がって私自身思わぬ展開に嬉しいのを通り越し、**怖いくらいのツキを感じるようになった**のだ。

ちなみに、成功顔を熱く語っていた知人も、その後料理に目覚め料理力に呼応するように、経営していた会社は上場企業となった。

もうこうなると、料理力の存在を疑う余地はないはずだ。

人生を成功へと導く3つのパワーが入っている

仕事やビジネスにもよい効果のあるこの料理力には、大きく分けて3つのパワーがある。

①自分をマネジメントするパワー
②問題点を解決するパワー
③潜在能力を開発し、夢を叶えるパワー

この3つのパワーが段階的に作用してあなたを成功へと導くのだ。
具体的な身につけ方などは2章、3章、4章で解説するが、ここで少し解説しておこうと思う。

①自分をマネジメントするパワー

人は自分のことは一番分からないものである。

自分は何がしたいのか、何を望んでいるのか……。本当のところは誰も分かってはいない。

人との関わりの中で、本音にはフタをして建て前で生きている人も多いはずだ。こんなことをしたら嫌われるとか、常識外とか、自分のしたいことを棚上げにして仕事をしている人もいる。

料理の第一歩は、食材との素直な対話から始まる。

レシピという常識から外れても構わない。

食材と対話し、

「しょうゆを加えたらもっとおいしいのではないか」

「レシピには油で炒めるとなっていたが、揚げたほうが素材の旨みが生きるのではないか」

と、柔軟な頭で考え行動することで、**決断力や判断力、洞察力など、成功するために欠かせない能力が身につき、自分のこだわりや長所短所も見えてくる。**

これらは、「自分をマネジメントするパワー」であり、料理力の基礎とも言えるものだ。

②問題点を解決するパワー

グチや不平不満ばかり口にする人に料理を作らせると、調味料を忘れたり、小さじ一杯加えるところを大さじ一杯とカン違いしたりする。

そして、とんでもない味付けの料理を作る。

問題を抱えている人に料理を作らせると、最初のうちは集中できない。

「少し芯が残る程度にパスタを茹でて」と指示しても、フニャフニャでのびきったうどんのような状態にしてしまう。

料理をすると気づくのだが、**ストレスや問題の元凶は自分の中にある**のだ。しかし、多くの場合、「私は悪くない」「あの人のせいで不幸になっている」「うまくいかない」と、人のせいにしているのである。

そんな人であっても、好きな人や大切な人の顔を思い浮かべて料理を作りなさいと指示すると、及第点の料理を作る。

人は誰でも好きな人にはよく思われたい。ほめてもらいたいと思っている。だったら、ストレスを感じている人や物、問題にだって立場を変えて考えれば解決するではないのか。

意識して料理を作るだけで、あなたの心にあるモヤモヤはたちまち吹き飛んでいくのだ。

③潜在能力を開発し、夢を叶えるパワー

自分をマネジメントするパワー、問題点を解決するパワーが身についたあなたを待っているのは、より強力で、あなたのステージをあげる「願望を引き寄せ、夢を叶え

るパワー」である。

この段階にいくと、グチや不平不満という、マイナスの言葉やネガティブな感情は姿を消す。

感性が豊かになり、行動も敏速になる。

夢に描いていたことが現実になり、驚くことも多い。

まさに「願えば叶う状態」、強運体質である。

なぜそんなことが起きるのか。

それは、**料理の完成図をイメージすることで、ゴールから考える目標達成のプロセスが見えてくるから**だ。

目標を立てたのに掛け声だけで終わる人や何度も失敗する人は、「成功したい」と願っていても、心の底では「どうせだめだ」と投げている。

建前の意識（顕在意識）でいくら願っても、本音の意識（潜在意識）がダメを出していれば願いは叶わない。

しかし、料理力によって、願望を引き寄せるパワーが身につけば、潜在意識もゆるぎないものになる。

さらに、料理の過程で「おいしくなれよ」「いいぞ！」とプラスの思いを込める。できた料理を感謝しながら頂く。

すると、潜在意識の働きはさらに活発になり、あなたもまだ気づいていない未知の能力をも引き出してくれるのだ。

努力しているのに報われない。ツイていないと思う人こそ、料理力を磨いて成功を引き寄せてほしい。

各界の成功者はみんな料理をしている

ここまで読まれた方には、**料理力には人生で成功する秘訣がある**ということが分かっていただけただろう。

実際に、料理力によって成功した人々は世界各国で活躍をしているのだ。

それでは、ここで料理力によって成功を引き寄せた人々を紹介しよう。

◎廃棄食材で億万長者に

シンガポールの名物料理のひとつに「フィッシュヘッドカレー」がある。

「フィッシュヘッドカレー」とは、巨大な魚の頭とたくさんの魚肉や香辛料を使って煮込むシンガポールならではのカレーである。

私も頂いたが、魚の頭から出るダシと香辛料が絶妙のバランスでクセになる味。汗をかくほどの辛さの中にコクがあって食べ出したら止まらない料理である。

今ではシンガポールのインド料理店ではどこでも食べられるポピュラーな料理だが、誕生したのは、ひとりの貧しい青年の気づきからだったそうだ。

金もなく、力を貸してくれる人もいない料理店で働く青年は、来る日も来る日も皿洗いやごみ捨ての雑用に追われていた。

金を稼ぎたい・成功したいという思いはあっても、自分には夢を現実にする力はないと諦めていたのかもしれない。

そんなとき、毎日ゴミ箱に大量に捨てられている魚の頭に気がついた。

身はたくさんついている、もったいないなあ……。食べられるのに。

料理店のオーナーは好きなだけ持っていっていいと言う。魚の頭などお客様に出せない。お金を頂ける料理はできないというのが当時の常識だったからだ。

魚の頭を前にして、独特の臭みを抜くにはどうしたらいいか。どう料理したら食材の個性が生きるのか青年は考え、何度も失敗をしてついに「フィッシュヘッドカレー」を作りあげた。

ゴミと化していた魚の頭を、**柔軟な発想力と想像力によって生き返らせた**のである。

そして「フィッシュヘッドカレー」の店をオープンしたところ、評判は瞬く間に広がり、彼は成功者となったのだ。

この話はシンガポール在住の友人から聞いたのだが、料理力の基本である「自分をマネジメントするパワー」が、食材と素直に対話することで生まれた成功例だと確信している。

◎ベストセラー作家の行動力の秘訣

私の知人に公務員として働きながら異業種交流会を催し、作家としても多くの著作物を著し、ベストセラーを出している「小石雄一さん」がいる。

彼のすごいところは、すべての業務を楽しそうに行っていること。そのすべてが一流であることだ。

並外れた集中力で時間を有効活用しながらやりたいことを嬉々としてやっている。ストレスがたまらないのか前から疑問であったが、彼が活躍し続ける理由が分かった。

それは料理である。

埼玉のある地に「キッチンスタジオ」をもち、週末には気のあった仲間や交流会の参加者たちと料理を作り、会話をする。私も何度かおじゃましたのだが、彼の作る料理は手早くて、食べごろを外さない。

参加者の顔ぶれを考え、食材の顔を見て、自分のものさしで料理を作るからおいしいものに仕上がるのだ。

4年も前に頂いた「ソーメンチャンプル」の味は今だに忘れられない。

多くの業務に追われ自分を見失いがちな人は、彼を見習う必要があるようだ。

なぜならば、料理を集中して作ることで、**ストレスが解消され、オンとオフの切り**

替えもうまくいくからだ。

彼の作家としての感性や行動力は、料理力によるところが大きいのではないだろうか。

◎カリスマIT業界社長のコミュニケーション力

料理でコミュニケーションを図る人にはカリスマ社長と呼ばれる人も多い。

普段は厳しいことで知られ、その豪腕ぶりから仲間内から「ＩＴ業界の織田信長」などと異名を付けられている友人がいる。

彼の趣味は料理。なかでも鍋や焼肉、バーベキューといった大勢でわいわい食卓を囲む料理が得意なのだ。

焼肉や鍋を囲むと必ず、「はい、煮えてるよ。いい焼き加減だよ」と鍋奉行を決め込む人がいるが、大概は最初だけ鍋奉行をかって出て、後は知らん振りの人が多い。

彼の場合は終始「鍋奉行」であり、ダシを足したりたれを作ったりする「味付け奉行」の役も演じるのだ。

さらに、料理に合わせたアルコール選びやテーブルセッティングに、後片付けまで完璧に行う。

その動きには無理がなくて、押し付けがましさもない。

一緒に食卓を囲んだ人は、料理の味とともに彼の人間性に惚れ込んでしまう。

社員は、仕事は厳しくともあの人ならついていこうと、一生懸命に仕事をするのだ。

料理は、その人の性格や個性まで明らかにする。

そして手際のよいおいしい料理があれば言葉は要らない。

難しいコミュニケーション技術に悩まされることなく、**あなたの料理にファンができ、応援される人になり、仕事もプライベートもうまくいく**のだ。

◎人気スターの料理力

テレビや映画で活躍する俳優やタレントも料理好きは多いようだ。

そのひとりに、日本を代表する俳優であり、映画の都ハリウッドでも成功をおさめた正真正銘のスター「渡辺謙」がいる。

彼があるインタビューの中で興味深い発言をしていた。

「海外で仕事をすることはその国に馴染むことである。食事が合わない環境が合わないからと、行動することをためらうのはおかしい。簡単な料理ぐらい作れないようでは、まともな働きはできない」……と。


日本でも長丁場の舞台や地方巡業の公演などに出演する役者は、鍋釜持参で楽屋入りをすると聞く。味噌汁や簡単な煮物は、楽屋で作る人も多いと言う。

ある大物役者は、限られた調理器具、限られた食材でも、マジックのように料理をこしらえる名人なのだが、「あんな大スターが私たちのために料理を作ってくれるなんて」と振舞われた相手は感激するだけでなく、コミュニケーションがとれ、舞台のできもよくなるのだそうだ。


最近は旬のタレントや若手の芸人、美人女優や大物俳優でも料理上手が多い。

ＳＭＡＰや木村祐一、まちゃまちゃ、杉本彩、松平健、梅沢富美男など名前をあげたらきりがないくらい出てくる。

芸能人がテーマに沿って料理の腕を競う人気のテレビ番組『愛のエプロン』(テレビ朝日)の影響もあると思うが、料理への関心が高まっているのではないか。

私が注目しているのが、料理初心者のうちは炒飯に鳥の足をデコレーションするなどグロテスクな料理を作ってはゲストを驚かせていた、インリン・オブ・ジョイトイ。そして、肉を焼けば生焼け、ご飯を炊けば芯ありが常だった、杉田かおるだ。

なんと、**料理の上達とともに、2人の顔つきが変わってきた**のである。

研ぎ澄まされたいい顔、いい女になってきたのだ。自己主張が際立っていた顔から、菩薩のような温かみを漂わせる顔に……。

これは「成功顔」に近づいていると言ってもいい。

料理をすることで**新たな魅力が生まれ、才能を導き自信が全身からにじみ出てきている**のだ。

もともとタレントには、感性の豊かな人が多い。だから料理に関わって、比較的短い間でも、料理力の効果が顕著に現れるのだ。彼女たちを見ていると、料理未経験者や不器用を自認する男性もやる気が出てくるに違いない。

肩の力を抜いて、さりげなく好きなスポーツに興じるぐらいの気持ちで取り組めばいいのである。

なんといっても、料理上手な男性はモテる。

今まであげた人気俳優・タレントを見れば納得するだろう。

昔のように「男が料理するなんて」と、眉をひそめる女性や「台所は女の聖地よ」などと口にする人はすでにいない。

積極的に料理に参戦して、潜在能力のアップと強運体質と、すてきな彼女まで手にするという夢のような願望も思いのままなのだ。

100名の社長に聞きました!

料理力によって成功を引き寄せた人々を紹介してきたが、ここで私が商品開発のために、料理に関するアンケートを実施したときのデータをお伝えしたい。

年齢層も業種も異なる100名の社長に、こんな質問をぶつけてみた。

「あなたは料理が好きですか」
「週に何回料理を作りますか」

なんと……。

「料理好き」と答えた社長が9割。

「週に2回以上料理を作る」と答えた社長が、半数もいたのである。

彼らは、忙しい身であり、自分で作る必要などない立場である。

この数字は何を物語っているのだろうか。

料理を作る目的は、「誰の目も気にせず好きなものを食べたいから」「ストレスの解消」「奥さん孝行のため」「帰宅時間が遅いから、軽い食事は自分で作る」「学生時代からの習慣で」「社員や家族とのコミュニケーションを図るため」など、さまざまである。

しかし、注目すべきは、

「料理をすると、ビジネス能力がアップする（アップするような気がする）**」**

このように答えた社長が、**7割**もいたことである。

週2回以上料理をする習慣をもつ社長にいたっては、**ほとんどの人が「料理力」の存在に気づいていた。**

また、私は自身のホームページやメールマガジンで、各界の第一人者や勢いのある経営者と、毎月対談を行っている。

そこに登場された方々の中に料理好きの人が多いのに驚かされる。料理を語るときの彼らの顔が、ひときわ輝いていたのが目に焼きついている。

特に印象的だったのは、「マイブームは料理」と語った、メルマガコンサルタントの「平野友朗さん」である。彼のテレビ初出演は『いまどき！ごはん』（テレビ朝日）で、ひつまぶしを作ったそうだ。

ありあわせの食材で料理を作り、人に振舞うのが好きだと語る平野さんは、「場を作ることがビジネスの基本だと思う。料理を通じてそれができたらいい……」と料理への思いを語ってくれた。

成功者はみんな料理をしているのだ。

「料理は女の仕事だ」なんて言って、奥さんやお母さんに任せるなんて、もったいないと思わないだろうか？

あなたが、成功したいと心から願うならば、料理をするべき。
そうすれば、あなたの人生はあなたが願うように運ぶのだ。

The Power of the Cooking to make Your Annual Income Three Times The Power of the Cooking to make Your Annual Income Three Times

2章

自分をマネジメントする
パワーがつく

脳細胞活性化により未知の可能性発揮

人は誰でも、自分らしく生きたいと願っている。
しかし、仕事に追われ、時間に追われ、人間関係の煩わしさのなかで疲れ果て……。

「自分らしさとは何なのか」
「自分にはどんな可能性があるのか」
「どうすれば自分らしく生きられるのか」

このようにあなたも、自分の存在価値を見失い、希望がもてず、漠然とした将来の不安に襲われた経験はあるだろう。

また、高いお金を払ってセミナーに通い、何年もかけて資格に挑戦したのにもかかわらず、合格できず、知識も身につかず、自分の可能性に限界を感じている人も多い。


このような人にぜひ伝えたいことがある。

誰でも、あなた自身の可能性（能力）や、強みをもっている。

料理をするだけで、あなたの可能性（能力）が発見できるのだ。そして、効率的に**あなたの能力を発展**させてくれる。

これがこの2章でお話しする、料理力の効果のひとつ、**「自分をマネジメントするパワー」**なのだ。


そのわけを説明しよう。

あなたが料理をすると、**脳がフルに回転する**。

そして、個性やこだわり、特徴や傾向があぶりだされる。


料理と脳の働きの実験は実際に行われている。

脳研究の第一人者である、東北大学未来科学共同研究センターの川島隆太教授と大阪ガスとの共同研究では、メニューを考える、食材を切る、炒める、盛り付けるなど、**料理のどのプロセスでも脳の血液の流れが増え、脳が活性化することが証明された。**

このように、料理をすると実際に脳が活性化される。

そうすると、眠っていたあなたの能力が最大限にひき出され、**自分でも分からなかった可能性**が見えてくるのだ。

私も料理力のこのパワーによって、それまで気づかなかった一面や能力に気づかされる場面に、何度も遭遇するようになったのである。

不良在庫で倉庫に眠っていた自社製品のパッケージを変え、売り方にほんの少しの工夫をしただけで通販のヒット商品になったこともある。

また、経理職で採用したが能力を発揮できずにいた社員を、営業職に配置転換したとたんに頭角を現すなどを経験したのだ。

このような自分をマネジメントするパワーは、必ず自分の幸せな道を見つける近道になるのだ。

感性を磨くには心と体の声を聞く

「あなたは、今何が食べたいだろうか？」

「自分が何を食べたいかなんて、当然分かるに決まっている」と思うだろう。

しかし、意外にも分からない人も多いのだ。

そんな人は、厳しいことを言うようだが、**目的をもたず、世の中の流れに身を任せているだけの人や、だらしない生活をしている人**である。

自分をマネジメントするには、肝心の自分のことをしっかり把握しなければいけない。

「何を食べたいのか？」「何を食べるべきか？」

毎日口に入れる食材をじっくり観察し、注意深く観察し続けていると、分かってくる。

イライラしているときには、酸っぱいものが食べたい。
風の強い日には、温かいスープが飲みたい。
気分が落ち込んでいるときでも、カレーを食べると元気が出る。
おにぎりを食べると、心が安らぐ……など。

同じ食材でも、産地によって味が微妙に変化する。
また、季節や天気によって好きな料理でも食が進まなかったりする。
相性のよい調理方法や、食べごろも分かってくる。

自分の心と体の声を聞き、食材と対話をすると、あなたの**感性は磨かれる**のだ。

物事を感じる能力が高まり、自分の可能性を新たに見出す能力が高まる。

何を食べたいのか？　何を食べるべきなのか？

まずは、**自分の心と体の声**に素直に耳を傾けてほしい。

本当に食べたい料理でチャレンジ精神を養う

ここでよくありがちな思い込みを取り払おう。

「簡単な手順で作れる料理から始めるのが料理初心者にとってベストである」

これは、**思い込みに他ならない**。


なぜならば、誰でもできる（できそうな）料理こそ、挑戦して失敗すれば「私は相当な料理オンチかも」と自尊心が傷つく。

それに簡単な料理ほど、失敗が目立つ。


料理力をつけるコツは、前述のように、自分が本当に食べたい料理や食べるべきだと感じる料理を作ることから始めるのがポイントだ。

また、外食では食べることが困難な料理は、作りがいがあり、**あなたのチャレンジ精神を養ってくれる**。


この新しいことへの挑戦をする気持ちは、あなたの精神を鍛えてくれる。チャレンジ精神が養われると、今までの常識にとらわれたり、これはできないのではないかと不安な状態になったりすることがなくなり、前向きな気持ちになる。ビジネスマンはもちろん、すべての人に必要な能力ではないだろうか？


そんな私のチャレンジ精神を養ってくれるのは「いか飯」だ。

北海道・森駅の駅弁で有名な「いか飯」は好物なのだ。しかし好物とは言え、駅弁以外ではあまりお目にかかれない。会席料理の前菜で出されたことがあるが、上品過ぎて私が好きな「いか飯」とはほど遠い。

外食で手軽に「いか飯」を食べるわけにはいかないから、自分で作るしかないのだ。

「いか飯」は腸を抜き、皮をむいたいかの胴体に、ブレンドしたもち米と米を詰め、楊子で止め、醤油やみりん、酒、砂糖などで味付けした煮汁で煮込んで作るのだが、煮込み過ぎるといかはゴムのように固くなる。

煮込む時間が短かったり火力が強過ぎたりすれば、味が染みこまない。気の抜けない料理だ。今だに満足のいくできばえには到達していないから、いつかパーフェクトな「いか飯」を作ってやる、「いか飯」を征服してやるんだと、意欲が湧いてくる。

さあ、あなたはどんな料理で、チャレンジ精神を養う「料理力」を身に付けるだろうか？

思いつかない人には、食材の分量や手順を間違えると全く形にならない**「ケーキ」や「おまんじゅう」**作りを勧めたい。

甘いものが苦手な男性にはピンとこないかも知れないが、泡立てる、こねる、丸めるといった一連の作業は子供のころに興じた粘土遊びに通じる。

意外と体力がいる作業も多く、男性向きだ。

外で売っているケーキやおまんじゅうの甘さに閉口している人には、手作りの上品な甘さを知るチャンスでもある。

完成品を奥さんやお母さんの誕生日にプレゼントすれば、あなたの株が上がることも間違いなしだ。


レシピを熟読し頭に叩き込み食材の分量をきっちり量り、取り掛かる。ポイントを自分でメモした紙を置いてもいい。

パティシエや和菓子職人のような白衣に身を包むのもモチベーションがあがってお勧めである。間違っても、奥さん愛用のフリフリエプロンやピンクのサロンエプロンは身につけないこと。

白衣とはいかないまでも、料理を始めるならば、自分専用のエプロンは吟味して選びたい。「ザ・シェフ」に見えるものなら合格である。

料理初心者ほど、形にこだわってほしい。自分専用のエプロンをそろえ、包丁をそろえるなど。

外国語で書かれた料理書を何冊も購入し、語学の勉強をしながら料理の腕を磨き、外国の食習慣やマナーを理解し、仕事に役立てたつわものが友人にいるが、「一石二鳥」を超えて「一粒で3度おいしい」と言ったところか。


人はお金をかければかけた分を取り戻そうと行動する。

料理は今までも挑戦したが挫折したとか、「3日坊主になる自信がある」という人は思い切り形にこだわりお金をかけて、包丁や白衣などをそろえてはいかがだろうか。

目的達成力や継続力が増すことは明白である。

レシピ熟読で分析力を身につける

仕事のできる人は、業務を遂行することを決めたとき、まず、どのような手順から始めるだろうか？

まず、業務が成功した状況のイメージを固め、必要に応じてプロジェクトを作り、資料を集め、状況を分析することから始める。

料理も同じである。

料理未経験の人や不器用を自認する人が、いきなり献立作りから入っては挫折するのがオチである。

そこで、料理に挑戦する前には、**レシピを読むこと**を勧めたい。

料理のレシピはなぜか「見る」と表現されることが多いが、見るのではなく読む。

事業計画書や決算書を分析するくらいの気持ちで熟読してほしい。

「何となく知っている」からレシピは読まなくていいと言う人もいるが、「知っている」と「理解している」とは全く違う。

料理のうんちくを自慢げに語る人が、切り身魚を水で洗ってから調理するのを見たことがある。あれではうまみが損なわれてしまう。

また、「ほうれん草のおひたしなんて簡単」と自分流で作る人に限って、あく抜きを忘れ、えぐみのあるおひたしを作り上げる。

それに思い込みで失敗をする危険もある。

「薄口醤油は味が薄いからたくさん使わないと味が決まらない」と思い込み、舌がしびれるほど塩気の効いた煮物を作ったりするのだ。

ご存知の通り、「薄口醤油」とは色が淡い醤油であり、塩分は濃口醤油よりもはるかに強いのである。

レシピの重要性を分かっていただけたかと思うが、ここで大事な注意点がある。

キッチンにレシピは持って行かないこと。

キッチンにレシピ持参では、レシピを読んでは食材を切り、食材を切ってはレシピで確かめ、鍋の水を張っては量が適切であるか、またレシピを確かめる……の繰り返しでは、段取り力も決断力も磨かれない。

どうしてもという場合は、レシピを読み込んだ後、ポイントのみをメモした紙くらいに留めておこう。

ひまつぶしでもいいから、**日頃からレシピを読み漁る**。

目を閉じると料理のシルエットや手順が映像のように浮かびあがるくらい、頭に刷り込ませるのだ。

優先順位が明確になり成功スピードが加速する

できる人とできない人の決定的な差は、**段取り力**だ。

できない人は、何を優先して行うかが分からず、今必要ではないことばかりに奔走して、納期を引き延ばし、無駄な体力と気力を消耗する。

あげくには、「頑張ったのに報われない」と周囲を攻撃し、人生をマイナスに落とし込むスパイラルを起こしている。

一方、できる人は分析結果をもとに、**今やるべきものを見極め、優先順位をつけてこなしていく**。

残業もムダにせず、趣味も充実させているのに、しっかり成果を出す。

こういう人は、段取り力を身につけているのだ。

「頑張ったのに報われない」とお嘆きの人には、ぜひ料理力で段取り力をつけてほしい。

レシピが頭の中に映像で浮かぶぐらい刷り込まれると、自然と段取り力がつく。食材は何を用意すればいいのか、調味料は、調理器具は、下準備は、火力は……、と次々に段取りが見えてきて効率よく料理ができる。

また、**料理は仕事以上に納期が厳しい**。食べごろをはずしてしまったら、おいしさが半減することもある。仕事の納期が間に合わず、お客様にあれこれ理由をつけて日延べしてもらった経験をもつ人もいるだろう。料理の場合、食卓にそろったお客様へ時間どおりに料理が出せないからと、日延べしてほしいとは言えない。

だからこそ、料理がきっちりできる人は仕事の能力もあがる。

そして、頼りにされる人になる。

また、レシピを理解している人と、理解してない人では、段取り力に違いが出るだけでなく、**発想力や想像力においても違いができてくる**のだ。

レシピのストックが増えれば、料理を作りすぎても変幻自在に繰り回し、最後まで気持ちよく食べきることもできる。

ひとり暮らしの経験がある人なら覚えがあるだろう。たまに料理をすると、ついたくさん作り、毎日同じものを食べ続けるはめになる。

そして、「これだから料理はやりたくないんだよ」「飽きて料理を捨てるより外食したほうが安上がりだ」と、料理から離れてしまう。

私はひじきの煮物が好物でよく作るのだが、いくら好物であっても、毎食ひじきの煮物では髪の毛が生える、美肌になると言われても絶対に嫌になる。

しかし、レシピのストックがあれば、余ったひじきの煮物は冷蔵庫に保存する。

2食目は茹でたじゃがいもと合わせて「ひじきコロッケ」に。また、炊きたてのご飯に混ぜて錦糸玉子やさやえんどうを散らし「混ぜご飯」にしたりする。きゅうりやニンジンの千切りと合わせ、サラダ風にするなど、自由な発想で変身させることもできる。

業務指示書どおりまじめに遂行すれば、必ず成果が出る。その成果は**小さな成功体験となってもっと大きな成功を導く原動力となる**。

料理も同様、レシピどおりまじめに遂行すれば、必ず満足いく料理ができる。そして、その満足感はあらたな可能性を導いてくれるのだ。

料理によってこの流れをつかんだ人は、仕事のスピードがアップするだけでなく、人生そのものの成功スピードも加速する。

優秀な部下・調理器具で判断力を身につける

キッチンの主役はあくまでも料理である。

しかし、**調理道具や調理環境**に手を抜くと料理の上達は明らかに遅れ、料理力も身につかない。

調理道具は、言ってみればあなたの優秀な部下・協力者なのだ。

成功する人は、周りから強力なサポートを得ている。優秀な部下は、的確に状況を報告してくれる。

しかし、ダメになる社長は、周りをイエスマンで固めている。常に成功し続けている社長は、ときにはっきりと厳しいことを言ってくれる部下が近くにいるものだ。できる人は、報告を受け入れ（もちろん部下の報告に左右されるのではなく）、論理的な思考力で判断を下す。

さて、そろえていただきたいあなたの優秀な部下・協力者は、以下のとおりだ。

①包丁
②まな板
③フキン

この3つである。

私はこの3つを、**料理力を高める「三種の神器」**と称し、特に大事に扱っている。他の調理道具はとりあえず、間に合わせでもしかたがないが、この「三種の神器」は妥協してはいけない。

①包丁

まず包丁だが、料理初心者が一番使いやすいのはステンレス製の万能包丁だ。野菜から肉、魚まで、切る作業はほぼこれ1本で間に合う。

包丁はステンレスより、研がないと錆びるものがいいと言う人もいるが、初心者にはいささか管理が難しい。研ぐことで精神を集中させようとか、刃物マニアの人を除いては初心者にはステンレス製の万能包丁を勧めたい。

料理の腕に自信のある人なら万能包丁のほかに出刃包丁もほしいところだ。骨付き肉を切る、鯛の頭を割るなどの作業がラクに行える。

選ぶ際には、価格よりも自分の手に馴染むもの。柄を握ったときに無理な力が入らず疲れないものを求めたい。

②まな板

まな板には、包丁の当たりが軟らかく使いやすい木製と、手入れが簡単なプラスチック製がある。初心者には、漂白もできる「プラスチック製」がいいだろう。

表は魚や肉、裏は野菜や果物と使い分けると臭いが移らない。

余裕のある人はもう1枚用意し、生もの専用（裏は臭いの強い野菜用）と、野菜果物専用に分けるのもいい。

選ぶ際はなるべく大きなものにすると、調理台代わりにもなって重宝する。

下ごしらえが苦手、面倒で嫌だという理由で料理を避ける人は多い。

そんな人は、大きめのまな板と切れ味がシャープな包丁に変えると、リズムよく作業が進んで料理が楽しくなるから試してみてほしい。

友人の書店の社長は、イライラして仕事に集中できないときには、大きめのまな板と、特注の3万円もする切れ味鋭い包丁で大根やニンジン、キャベツなどを刻みまくる。

トントントンとリズムよく刻んでいるうちに、ストレスが消え平常心に戻ると言うのだ。もちろん刻んだ野菜で「コールスローサラダ」や「大根の味噌汁」などを作ることは忘れない。

③フキン

料理に凝っている人でも意外なほど、フキンに気を使わない人が多い。私からするとフキンをないがしろにする人は「料理力も味方しない」と言いたい。

フキンは調理台をきれいに保ったり、まな板の下に敷いて安定させたり、洗った食材をふく。

塩でもんだきゅうりをしぼったり、蒸し物を作ったりする際にも使用する。

調理の過程で包丁を拭うなど活躍の場が多い。

それなのに、水分を吸収しにくいモコモコと毛の立ったフキンを使ったり、煮しめたような色になるまで、後生大事に使用したりする人が多いのだ。

これでは役に立たないだけでなく、不衛生でもある。

フキンは薄手のものを選び、肌と同じように綺麗に洗って新陳代謝を積極的に促してほしい。

そうすることが、料理を作る人のたしなみであり、一種の精神安定にもなる。いつも真っ白なフキンを使えば創造力も沸きやすくなる。

数字で考えるクセは身を助ける

「三種の神器」である包丁・まな板・フキンに次いで、料理力を磨くために不可欠な調理道具がある。

必ずそろえたいものとして、**計量カップ・計量スプーン・はかり**がある。

これらを、お菓子作りをする人以外はいらないと結論づけるのは、いささか軽率だ。

料理初心者のうちは、神経を尖らせてレシピどおりに調味料を計ったり、水の量を気にしたりするが、料理に**慣れてくるといい加減になってくる**。

料理には独創性が必要だと言わんばかりに、自分の個性を前面に出し、味付けにおいても自己主張が強くなる。それは進歩の現われで悪いことではないが、長じればひとりよがりの料理に終わる。

我々は会話の中で「たいへん元気です」とか「ほとんどの方が満足しています」「ほぼ出来上がります」など抽象的な表現をよく使う。

しかし、「たいへん」「ほとんど」「ほぼ」とは、具体的にどれだけのものか数字に置き換えるとなると頭を抱えてしまう。

数字で考えることはなかなかできないのだ。

しかし、**数字でものを考え表現するクセをつけないと、ビジネスの世界ではトラブルに巻き込まれることになる。**

数字が嫌い、面倒だといって避けていたら、儲けそこなったり、騙されたり……。成果は出ないのである。

プライベートの場で、「たいへん魅力的な女性だ」と社交辞令のひとつで言ったがためにカン違いされ、ストーカーまがいの行為をうけたアパレル会社の社長を、私は知っている。

数字にできるものは、極力数字で表現し、できないものは過剰な期待感で相手を混乱させないように、心がけるべきだろう。

それが人間関係を円滑にするコツである。

私は計量カップやスプーン、はかりは、**数字で考えるクセをつけ、だれきった心を戒めるツール**だと解釈している。

これらを側に置き味付けのチェックをすると共に、感情に流されず論理的に考え、行動する支えにすれば、判断を誤ったり、無用の誤解やいわれのない中傷を受けたりせずに済む。

免許取立てのころには交通事故は起こさないが、少し運転に慣れてきたころに事故は増加する。慣れが神経散漫につながって、判断力を失わせるのだ。

計量カップやスプーン、はかりは、より冷静な判断力、論理的思考力を鍛えてくれる。初心者マークの料理人から上級者にグレードアップしても、時々は初心者の頃の気持ちに戻り、これらで味つけを見直す。すると、気づくことが多い。「適宜」とか「適当」で慣らされた思考や行動が、改められ素直な自分を取り戻せるのだ。

とかくキッチンの隅に追いやられ存在価値の薄いこれら調理道具ではあるが、**自分を叱ってくれるアドバイザー**のような存在として可愛がってほしい。

「最近仕事に手抜きが多いぞ！」

「詰めが甘いぞ……」

人は普通、批判や進言はしてこない。みんないい人でいたいからだ。あなたが社長ならなおのこと、周りは「イエスマン」になって、大きなミスが起きるまで気づかないこともある。

自分勝手な思い込みで失敗しないように、感情に走って物事の本質を見失わないように、計量カップやスプーン、はかりといった優秀な部下をいつもそばに置いて自分の心を推し量ってほしい。

法律家に料理好きが多い理由

法律系の仕事に携わる人には、料理好きな人が多い。

私の周囲を見渡しても、弁護士・弁理士・司法書士・行政書士に社会保険労務士など、これらの仕事に従事する人には、「自分専用の包丁」に「オリジナルレシピ集」を所持している人もいる。

料理なんて絶対にするタイプには見えないサムライ業界のドンが、料理の話を始めたら止まらない。

いつも難しい顔がそのときだけは笑顔満面になって「いったいどうしちゃったの?」」なんて現場にも遭遇したこともある。

これらの仕事に必要な能力は何かと考えると、真っ先に浮かぶのが、**物事の本質を捉える洞察力**である。

依頼者の話に真剣に耳を傾けながらも、本音はどうか、誇張はないか、嘘を言っていないか、自分を信頼して訪ねてきたのか、他の先生と天秤にかけていないかなどを、カウンセリングしながら掴んでいく。

ただ聞いているだけでなく、法の専門家としての見識も見せなければ、依頼者は心を開いてはくれない。

知人の弁護士から聞いた話だが、不動産にまつわる民事訴訟で、裁判費用が足りないから何とか助けてほしいとある弁護士が、依頼者に懇願された。

そして、着手金の後払いや分割払いをのんだだけでなく、大幅に費用を減額した。

裁判には勝利したが、依頼者は一向に支払う様子がない。

請求すると「毎月1万円なら払える。それ以上は、払いたくないのではなく、払えないのだ」と悪びれた様子もない。

裁判で勝利し、それ相応のお金が手元に入っているのに……。助けてあげたい。笑顔で暮らせるようにしてあげたい……。純粋な思いで依頼を受けた。依頼者の風貌や雰囲気から自分が手を貸さなければ、この人はどうにかなってしまうと思い、弁護士としての責任感から決めたことである。

「甘いんだよ自分は」「人を見る目がない……」と嘆いていたそうだ。

これは申し訳ないが、お金が入らないことより洞察力のなさを危ぶんでしまう。

実際この弁護士は、人柄もよく素敵な紳士なのだが、お金には縁がないそうだ。

「武士は食わねど高楊枝」は美徳かもしれないが、「絶対に勝つから私は高いんだよ」と言い切れるくらいの弁護士に、もしものときは頼みたいではないか。

一方、私の知人の弁護士で、依頼者（依頼者になりうる人）と会う前には料理をしてイライラや思い込みを排除し、クリアな気持ちで場に臨むと言う弁護士がいる。

大きな事件や社会的に影響力のある事件ならなおのこと、遵守している習慣だという。

彼の話を聞いていて考えた。

料理は食材の個性を把握し、段取りを考え、いくつもの決断をしなければ完成には到達しない。

注意を怠れば鍋を焦がし、油から黒い煙が立ちのぼり、パニックになる。

物事の本質を捉える**洞察力**とともに、物に動じない**冷静な判断力**も要求される。

これらは法律家として備わっていなければいけない、基本的能力ではないか。

1つの事件だけに固執していれば、依頼を断ることが増え、生活に響く。ある程度同時進行で仕事をこなさなければいけない。

これも料理と同様である。

このように、法律系の仕事に携わる人には、本当に料理好きな人が多い。

司法試験界のカリスマ講師であり、数々の著作が知られるE氏は学生時代から料理をこよなく愛すると聞く。

自身も公認会計士であり、大手資格学校を経営する「成川豊彦氏」は、料理本の著作や自然食レストランの経営も行うほど料理に精通している。

以前さつまいものジェラードを頂いたが、自然な甘みと滑らかな舌触りに感動した。

女性社労士の「長沢有紀氏」は20代で事務所を開き独立し、現在は多くの顧問先を抱えるその道のプロであるが、気負ったところが少しもない、チャーミングな女性である。

家事も仕事もバランスよくこなす彼女の料理は、おいしいと仲間うちで評判なのである。

他にも、築地の卵焼き専門店も舌をまく究極のだし巻き卵を作る行政書士のK氏。自作のそばのもてなしでコミュニケーションを図る司法書士のT氏など。料理好きな法律家を挙げたらきりがないほどである。

理論と実践の両面で仕事を進めていく法律家たちは、**料理が実務に及ぼす効果や無**

限のパワーを経験則だが、理解しているのだ。

法律家の作る料理は手早いのが特徴である。

料理の急所、味のツボを押さえていて気持ちがいい。

もともと、論理的に考える思考の人たちだから、やることと、やらなくていいことの選別がつくのだ。


料理は仕事力をアップさせる、潜在能力を開花させる、成功に導くと言っても、めんどうなことばかりならやる気は失せるだろう。

そこは法律家を手本に論理的な思考力をはたらかせ、省ける手間は省き、まとめてできることはまとめ、義務や束縛に打ちのめされず自由に行おう。

しがらみの中では料理力は育たない。

3章

問題点を解決する
パワーがつく

料理に集中することで問題点が見えた

人は一生懸命に生きていれば、毎日少しずつつらいことや、嫌なことを溜め込んでいく。それが当たり前である。

悩みや苦しみのない人間などいないし、悩みや苦しみが理解できるから、人にも優しくなれる。

しかし、つらいことや嫌なことの**原因に気がつかないと、人の心の痛みが分からないだけでなく、ストレスを溜め込んでつぶれてしまう。**

私は経営者に成り立ての頃は、日々の業務で手一杯だった。

できない自分に苛立って「今やっていることと、やりたいことは違うのだ」と経営者のくせに自分の仕事を否定していた。

そのくせ、カッコばかり気にして「できる社長」を演出し、つらいことや嫌なことに無理やりフタをしていた。

プラス思考やポジティブ思考の権化のようになって、社員や友人にもそれを押し付け、嫌われ、居心地の悪いほうへ自分を追い込んでいった。

そして顔面神経痛と円形脱毛症を患って、初めて自分の心と体が限界点に達していたことを知ったのである。


やる気が起きない。頑張りが利かない。誰も頼りにできない……。

どうしていいか分からず迷子になったとき、ゆっくりと、周りを見渡した。

自分の置かれている立場を確認し、思い込みや不確かな情報に惑わされ、やみくもに突っ走ったり、戸惑ったりしていたのではないか。自分にとって一番居心地のいい場所を粗末にしてきたのではないか、問いかけてみた。

「そうだ！　好きなことなら、やる気が起きるかもしれない」

「元気を取り戻せるかもしれない」

自分が求めたことなら燃えながら続けられる。

少しは、ストレスも解消できるかもしれない。


自分を取り戻したい一心で義務にとらわれず、楽しんで料理をするようになった。

料理は、他人の顔色を伺うことも、**人と競争をすることもなく、自分のペースでできる**。当時、人間関係に疲れ果てていた私にはこれが何よりもありがたかった。

営業や販売といった人相手の仕事に従事している方なら、この気持ちは分かってもらえると思う。


それから、限られた時間の中で頭をフルに働かせ、段取りを考え料理を作り続けた。

真剣に食材と向き合い、料理を作った。

すると、風の音や空気の匂い、花の香り……、そして毎朝社員と交わすあいさつに感動……今までは気づかなかったことが鮮明に響いてきたのだ。

そう、**凝り固まった頭が柔らかくなっていった**のだ。

やりたいことは他にあるとか、しかたないから仕事をするといった不満やグチが消えて、小さな変化にも敏感になって毎日が楽しくてしかたがない。

今までは、悪い面ばかりを見ていたのに、**物事のいい面を探すようになった**のだ。


この変化はどうしたことか？

それまでは、料理好きの私でも、家族のためにしかたないから作るとか、「疲れているのに、私が作るの？」と、義務や惰性で料理をすることもあった。

「やらされている感」が強かったのだ。

しかし、楽しみながら、食材と対話し、料理を作るうちに、つまらない見栄やしなくてもいい心配、自分勝手な思い込みなどで、**がんじがらめになっていた心が解けていって、やりたいことが見えてきた**のだ。


それだけではない。**人の顔をまともに見ず、真剣に人の声に耳を貸さなかった自分にも気づくことができた**。

仕事を応援してくれる人や、損得抜きに知恵を貸してくれる人、**心から親友と呼べ**

る人ができたのもこの頃である。私は料理によって救われた。

ここから私は、料理には、**悩みや問題の原因を気づかせてくれるパワー**があるということが分かった。

この料理力を発揮させるには、料理に集中して、「食材と向き合う」「食べてくれる人の立場に立つ」そして、料理力により「五感を磨く」ということが必要なのだ。次からくわしく説明しよう。

チャンスをものにできない人は食材と向き合おう

ここぞというときに行動できず、**チャンスを逃す人**がいる。

私の知り合いの編集者で、みすみすベストセラーを逃した人がいる。

知り合いからのメールで、ある数十行のお話がコピペされてまわってきた。その十数行の話に感動した編集者は、プリントアウトをして、デスクの前に貼っておいた。

その1年後、その十数行の話は、書籍になってベストセラーになった。その本は、『世界がもし100人の村だったら』（池田香代子再話、ラミス・チャールズ・ダグラス対訳／マガジンハウス）であった。

まさか、十数行のものが本にできるとは夢にも思わなかったそうだ。

同じものを見、同じように感じても、チャンスをものにする人もいるが、チャンスだと気が付かない人もいるのだ。

そういう人は、行動する勇気がないだけではなく、**状況を注意深く把握していない、固定観念でしばられている**という問題があるからだと私は思っている。

こんな問題を抱えている人は、ぜひ**食材と向き合い、対話をして料理力を発揮してほしい**。

食材は、口を利かない。いちいちあなたに呼びかけたり、親切に状況を教えてくれたりするわけではないのだ。

私はいつも料理を始める前に、食材と対話する。食材と向き合い、食材の長所を引き出すことは、おいしい料理を作る大前提になる。

これは、おいしい料理を作ることに限ったことではない。

口を利かない食材と真剣に向き合うことで、**人の話に真剣に耳を傾けられるようになり**、多くの人に信頼される人になっていく。

また、**現状が把握でき、チャンスに敏感で、行動力のある人、**人生を思うように生きる、成功する人になるのだ。

では、口を利かない食材とどうやって対話をするか、秘訣をご説明しよう。

食材の中でも野菜との対話は大事である。

野菜は生き物だ。温室栽培や輸入品、冷凍食品の発達で何でもいつでも手に入るようになったが、それでも野菜には四季の顔がある。

旬の野菜は、「おいしいから、食べないと損だよ」と自慢気である。はしりの野菜は、気どって「あなた、食べてみる気がある？」と訴える。

野菜の表情にはいつも心を配るといい。これは、あなたの感性を磨くためにもなる。

四季の野菜と関わると、ニンジンだから、きゅうりだからと、一概に言えない味わいがあることが分かってくる。はしりの新鮮な甘さ、旬の熟した深い甘さ、季節や収穫された畑、生産者によっても甘みや旨みが違っている。

それをどう料理するかで、野菜は華麗なる変身をとげていく。この辺りが、肉や魚にはない個性で料理人のやる気を刺激するのだ。

食材と真剣に向き合うことで、レシピも変わってくる。この前買った大根は固かったけれど、今日は水気がたっぷりで新鮮だ……。今日のキャベツはずっしり重くておいしそうだ……。

このように、それぞれの野菜と対話しながら〝状態〟を確認していく。そして、「今日はこういうふうにしよう」と、一番野菜が喜ぶ料理のレシピを組み立てるのだ。

また同じ野菜でも、切り方ひとつで味も食感も変わってくる。

ごぼうのキンピラを作るなら、大きさをそろえ火の通りを均一にする。煮物にするなら表面積が大きくなる切り方で、味をしみ込ませやすくする。

炒めた玉ネギも、みじん切りにしたのと、くし型にしたのでは、食べたときの印象は全く違ってくる。

料理に応じた切り方をすることは、野菜の長所を引き出すことになるのだ。ひとつの野菜を様々な切り方、料理法で味わってみると、驚きや発見、個性が見えてくる。

自分の常識が覆ることもあるはずだ。

豚カツにはキャベツの千切りがつきものだが、あるときキャベツを手でちぎって添えてみた。キャベツの甘みが強く感じられ、豚カツの油臭さも払拭されて、このほうがはるかにおいしくて食べやすい。

ソースをやめて、キャベツに焼き塩を添えたらいっそう甘みが際立った。

この日以来我が家の定番である。

こうして**当たり前と思っていることでも、別の面があることが分かる**。

確かめてみると、余計なことをしてかえって**食材の長所を殺し、個性を眠らせていることにも気づく**。

仕事で、日々の生活で、固定観念にとらわれず瞬時に状況を判断しチャンスをものにするために、食材との対話をできる力をつけよう。

食べてもらう相手の視点に立てば、人間関係は良好になる

人間関係のトラブルが絶えないという問題を抱えている方。

あなたには、料理力によって、**「食べてもらう相手の視点に立つ」**ということを意識してほしい。

この作業を面倒だと感じる人は「愛情・思いやり・尊敬」の気持ちが自分には、欠けているのではないかと疑ったほうがいい。

また、愛情を求める気持ちが強く、自分では愛情を表現することが苦手で、愛情の対価を求める傾向がある。だから、自己主張が強く、人間関係のトラブルも生じやすくなってしまう。

食べてもらう相手の視点に立つことは、相手の立場で考えることにつながる。

これは、できる人ならみんな知っている、**人付き合いの基本であり、応援される人になる必須条件**だ。


好きな彼女や奥さん、大切にあなたを育ててくれた両親など、あなたが食べてもらいたいと思う人の顔を思い浮かべながら料理を作ってみよう。

ひとり暮らしで、食べてもらえる相手がいなくても、あなたの好きな人を思い浮かべて実践してほしい。


感性や好みは人それぞれだから、どんなにあなたの料理がおいしくてもその味に馴染まない人もいる。

あなたがバターたっぷりのオムレツが好きでそれを得意としていても、和食好みの両親には出し巻き玉子のほうが好まれるだろう。

いろいろ頭をはたらかせ料理を作るのはたいへんでも、自分の好みを押し付けて相手の自由を奪うのは、犯罪に近い行為だ。

私は食いしん坊だから、食物へのこだわりも人一倍ある。だからと言って、自分のこだわりは押し付けない。

どの人にとっても、食は一番の楽しみだと理解しているからである。

また、思いは大切だが、思い入れが強ければ相手は反感を覚えても感謝はしない。「体にいいから、食べなさい」「体調がよくなるから飲みなさい」と相手を気遣うばかりに、言い過ぎてはいないだろうか。

必要以上に世間体を気にせず、自然体で相手を思いやる。それぐらいでいいのだ。

だから、相手が心から喜ぶ料理を作れる人は、コミュニケーションをとるために欠かせない「愛情・思いやり・尊敬」の三つの念を理解している人である。

意識と行動を変える、思いやりの料理力

料理は、「相手の視点に立つ」ということで、ある私の体験したエピソードを紹介しよう。

私が短大で栄養学を学んでいた頃、小学校に課外実習で出かけたときのことだ。料理クラブの3年生のお手伝いをしたのだが、その日の出来事は30年経った今でも鮮明に覚えている。

料理クラブ顧問の先生の発案で**「自分が食べたいと思うおにぎりを作る」**という課題が生徒に与えられた。食材を調理台に並べ、ご飯をたき、おにぎり作りがスタートした。

学校で用意した食材は、鮭やたらこ、梅干や昆布など定番の食材と、のりなど。家からハンバーグやバナナ、チーズやレーズンバター、マシュマロやキャラメルなどのお菓子を持参した生徒もいた。

正直、これがおにぎりの具になるかと思うと、出来上がりを疑問視する食材もあったのだが……。

スタートしてみると、形は三角や丸、俵型にとらわれず、クッキーの抜き型でおにぎりを作る子、のりの代わりにハムでおにぎりを包む子、ハンバーグを半分に切って、中に小さなおにぎりを挟んでのりで巻く子もいて、子供の想像力には脱帽した。

しかし、「イチゴジャムとマヨネーズ入りのおにぎり」や、どこかのラーメン屋のメニューのような「おにぎり全部のっけ」なんて豪快なおにぎりには、凡人の私は食べる気が起きない。

自分が食べたいおにぎりだから、しかたないのだろうか。

甘党の子ならお菓子のようなおにぎりを作りたくなるだろう。

あれもこれも食べたい子なら、大きなおにぎりを作り、ありったけの食材を具にするのも分からないでもない。

結局、おにぎり作りというより粘土遊びやプラモデル作りの延長のようであった。

米粒を友達の背中にこすり付けて、先生から大目玉を食らう男の子。

出来上がったおにぎりを何個も合体させて、人形を作る女の子。

賑やかなことこの上ない。

しかしこのあと、**「好きな人に食べてもらいたいおにぎりを作ろう」**と先生が号令をかけた。

すると、どうだろうか……。

先ほどとはうって変わって生徒の顔が真剣そのものになる。

「おじいちゃんは、入れ歯だから……」

「お母さんは、梅干が好き」

「お父さんは、から揚げが好きだけど、ここにはないからどうしよう？」

こんなひとりごとを言っている子もいる。

お菓子のようなおにぎりを作った子は、鮭入りの三角おにぎりを小さな手で懸命に握っている。

両手で持たないと、食べられない大きなおにぎりを作った子も手のひらに納まる、まん丸おにぎりを作っている。

米粒を友達の背中にこすりつけていた子も、おにぎりで人形遊びをしていた子も、静かに好きな人のことを考えながら、顔を思い浮かべながら、おにぎりを作っている様子だ。

不器用でいびつな形のおにぎりしかできない子には、世話好きなお姉さんタイプの女の子が手助けをしている。

具が足りなくなった子に持参した食材を分けてあげている子もいる。

そこには、ひとつの目的に向かってチームで事を成し遂げる連帯感や責任感も感じることができた。

出来上がったおにぎりには好きな人を思う、子供の純粋で素直な心が込められていた。

はたで見ていた私も、「思いやりの意味」を改めて考えることができたのだ。

子供でも、**好きな人のことを考えると、意識も行動も変わってくる**のである。

なんとなく料理をしたものと、あなたの料理を食べてもらいたい好きな人や大切な人の顔を思い浮かべながら、料理をしたものとでは、できばえが同じに見えても、食べる人への響きが違ってくる。

前者が「美味」ならば、後者は「美味であって心に染みる味」「記憶に残る味」である。

ミスが多い人は、相手の「おいしい」をイメージ

モチベーションを保てない人、そのため、**慣れた仕事でミスをよくしてしまう人**がいる。

ある金融関係の会社で受注業務をしていた人は、発注間違いを起こし、何千万円という損害を顧客に与えてしまった。結局、もともと仕事へのモチベーションもなかったせいもあり、会社をやめてしまった。

しかも、新しい仕事についても、モチベーションを保てず、ちょくちょくミスもしているようだった。

モチベーションを上げるコツは、いろいろな要因があるだろう。高い給与や、仕事

のやりがい、仲間との関係……。

その中でもやはり、効果的なのは、**「認めてもらう」**ということなのだ。つまり、**相手から喜んでもらっている実感をもつこと**だ。


料理を作るなら、好きな人や大切な人の顔を思い浮かべると同時に、**食べる人が心から「おいしい」と言ってくれるように、言葉の重みを感じながら料理を作る**といい。

リストランテ・ヒロの代表取締役であり、総料理長の「山田宏巳氏」は著著『料理人の教科書』（山田宏巳・木下和彦著／洋泉社）の中で、「料理をするときはいつもお客様のほめ言葉をイメージするようにしている」と話している。


プロの料理人は、多くのお客様を満足させるのが仕事である。

どんな人からも心から「おいしい」と言ってもらえるように、日々努力を重ねている。

プロではない私たちなら、「どんな人からも」という目線でなくていい。

最初はひとり、1回でもかまわないから、あなたの料理を食べてくれる人を心から喜ばせる。

それを目標にするのが料理力を身につけるコツなのだ。

また料理を作り食べてもらうということは、**その人の命を預かっていること**でもある。あなたが作った料理を食べた人が体調を崩すことや、万が一、食中毒にでもなれば命を落とす可能性だってあるのだ。

昔は、殿様が食事をする前には必ず「お毒見役」の家来がいて、その者が安全を確かめなければ殿様は料理を口に運ぶことはなかった。

今はそんな習慣がないから、気軽に料理でもてなすことも、ご馳走になることもできるが、料理が命に関わることには変わりがない。

仕事ならどうだろう。

「医者や看護婦」「消防隊員や警察官」「車の運転手」といった直接命に関わる仕事に従事している人以外は、日々の仕事が命に関わっている意識は薄いだろう。

私もつい3年ほど前までは、自分の仕事がお客様を喜ばせ、役立つことに誇りはもっていたが、命への関わりを感じたことはなかった。ある出来事までは……。

それを教えてくれたのは、亡き主人である。

結婚してすぐに癌が見つかり、入退院を繰り返しながらも、生きることを諦めず、明るくふるまっていた主人がことあるごとに私に言っていたことは「いつまでも由妃ちゃんの焼いたビーフステーキが食べたいから、入院しても必ずよくなって家に戻ってくる」だった。

実際、一時帰宅が許されたときには私の焼いたビーフステーキを食べながら「これを食べると寿命が延びる」「絶対に死ねない」などと言っていた。

最初のうちは大げさだな、食事をしながら死を話題にするなんて、縁起でもないと思っていたが、主人の喜ぶ顔見たさに毎回心を込めて肉を選び、火加減、焼き加減に細心の注意をはらい作っていたのだ。

そのためかどうか確信はないが、余命3ヶ月と宣告されたにもかかわらず、その後

8年近く命を永らえることができた。

亡くなる10日ほど前、病室にビーフステーキを焼いてもっていったのだが、その時は末期で口や耳や鼻から出血が止まらず、とてもビーフステーキどころではなかった。

それでも、ビーフステーキに目をやり、嬉しそうにうなずいた。

こころなしか、主人の頬が赤らんだ気がして嬉しかったのを覚えている。

料理によって、主人は命を全うすることができたのではないか。

少しは私も役立てたのではないか。

私は、料理を仕事にしていたわけではないが、そのときはプロの料理人として直接命に関わる気構えで料理を作っていたのだ。

主人は身をもって「どんな仕事でも、人の命を預かっているくらいの気持ちであたりなさい」と、教えてくれたのではないかと思っている。

以来、私の仕事への取り組み方が違ってきた。

プロの料理人が毎日同じ料理を食べて舌を訓練するように、**決まりきった仕事、慣**

れた仕事ほど、初心に戻って考え実行している。

味見をしていれば状態の悪い料理が出ないように、経営者として果たさなければいけないことは、注意深く確実に行う。料理には教えられることが多いのだ。

どうやって食べるかが頭の回転を決める

知識や経験があるのに、なぜか、**能力を発揮できない人**がいる。

そういう人は、**何をどう食べているか**チェックしてみてほしい。

口当たりのいい食べ物、たいして噛まずに喉を通る食べ物が並んでいないだろうか？

実はこういうものばかり食べていると、頭の回転が悪くなり、思考力や判断力が働かず、つまらないミスを重ねてしまうのである。

T氏とは、私が行政書士の勉強をしているときに知り合った。

銀行に勤める彼は真面目で、勉強熱心。法的な思考力もあって、受験生の鏡のような人であった。

しかし合格とは縁遠く、私が知り合ったときにはすでに3度の受験に失敗していた。模擬試験や答案練習会ではいつも高得点で合格間違いなしと言われるのに、なぜか本番には弱いのだ。


なぜなのか？

あるとき、資格学校で一緒にお昼をとることがあって原因が分かった。

もともとハンバーガーやラーメンなど、あまり噛まずに喉を通る食べ物が好きなうえに、それらを**清涼飲料水やお茶で流し込むように食べる**のだ。

料理を味わうとは程遠い「えさを食らう」感覚である。当然、満腹感を感じないから、量を食べるようになって体重も増える。

受験生になってから、10キロ以上体重が増えたという。


これでは、頭の回転が鈍くなって能力を最大限に発揮することはできないし、せっかく得た知識を知恵に変え、本番の試験を突破することも難しくなる。

ひとり暮らしの気楽な食事や勉強時間を捻出するために始めた食習慣が、彼の合格をじゃましていたのである。

その後、彼は体調を崩したことがきっかけとなって、食事を見直し、自炊も始めた。ご飯を炊き、味噌汁を作り、資格学校にも弁当持参で登校するようになった。その結果体重も徐々に減り、その年の行政書士試験には見事に合格したのである。

噛むことは、食べ物の消化吸収をよくし、細胞のすみずみまでエネルギーをいきわたらせ、脳の働きを促す。

体が活性化し、味覚が変わり、感性が豊かになる。

一般に、噛みごたえのある食べ物が好きな人とそうでない人とでは、集中力や持続力に差があるとも言われている。

毎日の食事、一つひとつの食材、食べ方が物事の見方や能力を決め、**生き方そのものまで左右する**のだ。

料理力を最大限に享受したいならば、意識して料理をするだけでなく、できた料理をいかに効率よく食べるかも意識する必要がある。

あなたの体はあなたの手であなた自身が作っているのだ。

食べることが、人生をコントロールしていると言っても過言ではないのである。

高級な食材を選べとか、自然食品ならば合格だとか言っているのではない。

流行や人の噂に惑わされず、自分の口に入れるものは、自分の五感を働かせて選び、自分のものさしで料理を作り、よく噛んで、感謝して頂く。それだけでいいのだ。

心動変化を起こせば、あらゆる問題は解決する

意識して料理をし、料理力がついてくるようになると、**五感が研ぎ澄まされ、どんな人でも心と行動に変化**がおきる。

それを私は**「心動変化」**と呼んでいる。

料理力によって五感を磨けば、**あらゆる問題の原因が見えてくる。**そして、**解決できる力が、あなたにつく**だろう。

①「聴覚」

一番先に現れるのは「聴覚」が敏感になったことによる変化である。

料理をする際、五感の中で最も神経を働かしているのが、耳なのだ。次は鼻、目と

続き、舌は最後になる。意外に思われる人も多いはずだ。試しに、耳栓をして料理を作ってみるとよく分かる。

トントンと大根を千六本に刻む音、フライパンに油をひきジュージューと肉を炒める、パチパチはねるいりゴマの音、これらが聞こえなかったら、リズムに乗れず、段取りが狂ってまともな料理はできないのだ。

プロの料理人も、てんぷらや豚カツを揚げるときには、油の音の変化で食材の水分が抜けたかどうかを判断する。

聴覚の重要性には、何となくテレビを見ながら料理を作っているような人には、あまり気づかないことだろう。

しかし、何が食べたいのか、何を食べるべきなのか、毎日の自分の心や体の声に耳を傾け、答えを見つける。食材と対話し、食材の個性を生かす方法を探し、料理をする。

これら料理力をつけるための基本的作業は、聴覚を敏感に働かせなければクリアできない。

いきおい聴覚が鍛えられ、それまで感じられなかった音が聞こえて、目で動きを確認する前に**音で感じることができる**ようになるのだ。

その結果、**日常会話の中から本音と建て前を見分けられる**。うそを発見する。世の中の動きに敏感になるから、**価値ある情報とそうでないものの選別**がついて仕事の場でも大いに役立つ。

電話のやり取りから取引先の変化に気づき、連鎖倒産を免れた料理好きの洋品メーカーの経営者もいる。

また料理力を身につけた人の中では、人の話に素直に耳を傾けられるようになって**社員や同僚、家族とのコミュニケーションがよくなった**と言う人も多い。

②「嗅覚」

次に「嗅覚」だが、料理力がつくと、食材の焼きあがりや食べごろが匂いだけでも分かってくる。

焦がしてしまったのか、いい具合の焦げ目なのかが目をつぶっていても分かるのだ。

「鼻が利く」のたとえのとおり感覚的にではあるが、**あなたに敵意をもっている人と好意を寄せている人も瞬時に分かる。**

料理力を実践する人では、親切からの行為か、魂胆があっての行為か相手がいくら取り繕っても分かると言う人もいる。


個人投資家として実績のあるO氏は2年ほど前までは儲けては外し、また儲けては外しで収支を見ればマイナスを推移していた。

本人の弁によると、一本気で頑固なところがじゃまをしていたらしい。

思い込みの激しい性格もあって「この銘柄、この会社」と思ったら誰が何と言おうと構わない。

「鼻が利く」と豪語していたらしいが事実はそうはうまくいかないでいた。

その０氏が料理を始めた。

それも、豪快な０氏とは対極の、お菓子作りである。

食材の配合を考える、季節感を盛り込む、デコレーションを考えるなど一連の作業を続けていると、**神経が休まるだけでなく、細かいことに気づくように**なった。

結果、最近は負けなし、絶好調で文字どおり「鼻が利く状態」である。


お菓子作りは「男性的能力と、女性的能力の両面を鍛える最良の作業」なのだ。

ちなみに、男性的能力とは、体力や論理的思考力に代表される一般的に男性が得意としている分野や特性であり、女性的能力とは、洞察力や推理力に代表される男性よりも女性が得意としている能力である。

０氏の場合は、どちらかと言うと男性的能力が女性的能力よりも勝っていて、投資家にとって重要な洞察力や推理力が発揮できないでいた。

お菓子作りによって、女性的能力が鍛えられたことで、双方のバランスがとれ、いい結果が生じたのではないかと考えている。

③**「視覚」**

「視覚」は言うまでもなく、食材の鮮度や火の通り具合、料理のできばえを見極めるのに使う。

しかし、見た目はきれいな焼き色で焦げ目がついていても、生焼けのこともある。目だけを頼りにしては合格点の料理はできない。

「人は見た目が9割」とは言うがその人の本音や個性、長所・短所までは見た目では分からない。

門構えや玄関が立派な豪邸に住んでいても、生活に困窮している人もいるし、ボロアパートに住んでいる億万長者だっているのだ。

料理力がついてくると、**見た目ではだまされなくなる**。「視覚」から得た見た目の情報と、「聴覚」「嗅覚」から得た情報を相互に分析し、**冷静に判断できるようになる**。

だから、里芋の煮物を作っていて、鍋を焦がしてダメにする、霜降り状態にするべき牛肉を湯がいて固くさせてしまうなどの失敗がなくなる。

仕事の面でも、大企業だから、歴史があるから、ビルを所有しているからなど、相手の見た目に惑わされることなく、物事の本質を捉え対等に取引ができる。

ビジネスを積極的に仕掛けるときか、待つときか引き揚げるときかも分かる。また部下の能力の見極めもつくのだ。

④味覚

「味覚」は、天性の能力というより、**環境や訓練によって鍛えられるもの**である。反復継続して料理を作り続け、味見をする。批評を受け、その評価を分析し次に生かせばどんな人でも敏感になってくる。

かつて私は、蕪《かぶ》の葉は苦いだけでおいしいとは思えなかったが、料理をするうちに苦味の中に甘みや独特の旨味を見つけて感激した。「こんなにおいしいものだったのか」と。

高い肉は柔らかくておいしい、安い肉は固くてまずいという価値観も、料理をするうちに覆された。りんごや梨のすりおろしを加えマリネすれば、１００ｇ・98円の輸入豚肉だって１００ｇ・４５０円のブランド豚に劣らない味に変貌するのだ。

この味覚が鍛えられると、**人や物の違った味わいに気が付くことができる**。

食わず嫌いや、その物や人をよく知らずに、毛嫌いしているものはないだろうか？

⑤触覚

パック詰めの野菜や果物、綺麗にお化粧を施した加工食品などに慣らされている私たちは、本物の味や食べごろが分からなくなっている。

しかし、食材との対話を真剣に続けるようになると、皮膚感覚でおいしさが理解できるようになる。これは、料理に限ったことではない。

ある日突然に……と言う感じで、**触っただけで食材や素材の良し悪しが選別できるようになる**という人が多いのだ。

このように料理力によって、五感を磨くことで、日常いかに私たちが、五感を活用せず、思い込みや自分勝手な価値観で考え、行動していたかに驚くのである。

五感を磨き敏感になることによって、つらい現実や人の嫌な面、ビジネス社会の汚い部分を知り、傷つくこともあるだろう。知らないほうがよかったと途方にくれることもあるかもしれない。

しかし、現実から逃げていてはあなたの進歩はないし、成功は望めない。

今逃げられてもいつかはもっと大きな困難がやってきて、成功のハードルは高くなる一方である。


成功の少し手前では、必ず困難が立ち塞がるものである。

五感が働かない人は、その困難に気づかず後に大きな失敗をしでかす。成功に近づいていることも分からない。

むしろ、料理力によって五感が研ぎ済まされ、困難を知ることは、普通の人にはない**強運を感知する力「強運センサー」が働く**ことなのだ。

「チャンスはピンチの顔をしてやってくる」

これは経営者として16年働いてきた私の経験則であり、成功者の多くが理解している法則である。

火や水や道具を使い、五感を駆使して料理を作ることは、人間だけに与えられた権利である。

せっかく与えられた権利ならば、思い切り生かすべきだ。料理力を使ってなりたい自分になる、幸せになる、成功する……。

難しいことは何もない。あなたにも必ずできるのだ。

料理力で悩みを解決しカリスマ経営者へ

料理力によって、悩みを解消し、大きな成功を収めた人がいる。

不動産会社を経営する知人のM氏である。

5年ほど前、M氏は株式上場を目指して連日、取引先や協力者と夜遅くまで打ち合わせをしていた。

妻と一緒に夕食をとることもなくなって、朝は出社ぎりぎりまで寝ていて妻との会話はほとんどない。たまの休日も、接待ゴルフやあいさつ回りで家を留守にすることが多かった。


そんなある日、私はM氏から相談を受けたのだ。

「臼井さん、最近女房の機嫌が悪くて……、女って奴は、かまってやらないとすぐにふくれるから困るよ。俺は人一倍稼いでいるし、浮気もしない。酒も煙草もやらない、仕事一筋の男だよ。帰りが遅いのも少しでも女房にいい生活をさせてやりたいっていう思いからなのに……」。

それから、上場を目指して忙しくなったことや、夕食は家でほとんど食べないことも聞いた。

「どうせ、外で食べるから夕食は作らなくていいと言ってあるのに、俺への面当てかな？　これ見よがしに準備がしてあるんだ」

「最近では、上場なんてしなくていいと言い出す始末だ。俺の気持ちを理解していない。全く嫌になる、臼井さん、女房の気持ちが理解できる？」

M氏は疲れた表情で私に問いかけてきた。

このままではお互いの気持ちがすれ違ったままで、仕事も家庭もうまくいかなくなるのでは……。私はお節介を承知でこう切り出した。

「どちらも悪くないし、どちらの気持ちも分かる。お互いの気持ちがひとつになってみんな上手くいく秘訣があるんだけれど、私に任せてくれないかな。今度の休日にお宅におじゃまするから奥様と家にいて！」

そして休日、カレーの材料をそろえ私はM氏のお宅にうかがった。

「一緒にカレーを作りましょう。奥様はお米をといでくださいね。Mさんは、野菜の下ごしらえ担当ね、いい⁉」

こんな調子で私が指示をしてカレー作りが始まった。

唐突な私の提案にM氏は驚いた様子で、勢いに促されしぶしぶ従っていったのだが……。

料理の経験などほぼゼロのM氏だからすぐに根をあげた。

「本当、この人は不器用なんだから」奥様が笑うとM氏はむきになり、また包丁を握るのだが、皮をむいたじゃがいもはピンポン玉ぐらいの大きさになるし、玉ネギを切らせれば、涙を流して調理はストップ。

見るに見かねて奥さまが助け舟を出した。

手際よくカレーを作る奥様を傍らで見つめるM氏は、時に笑い、時には何か考え込んでいる様子だった。

カレー作りが終わり、「後はおふたりで仲良く食べてね」。

そう言い残して私は帰宅した。

後日、M氏に会ったのだが、前よりも自信に満ち溢れている。

なんと、笑顔がこぼれて同じ人とは思えないくらいイキイキと輝いている。

「臼井さん、あれから女房と久しぶりに話をしたよ。わがままな女だと思っていたけれど、俺のことを誰よりも心配していて、女房なりに悩んでいた。そのことに俺は気づこうとしなかったんだ。荒れた女房の手を見ていて、この手で毎日俺のために料理を作ってくれたのかと思うと涙が出て困ったよ……」。

毎日準備してあった夕食はM氏の体調を気遣う心から生まれたもの。上場を止めてと言ったのも、売り言葉に買い言葉で出ただけのこと。

お互いが顔をまともに見ず、ろくに話もしないから生じたイライラがエスカレートしてどんどん溝が深くなったのだ。

「カレー作りのおかげでいろんなことが見えてきた。不思議だね」

「そうそう、このまえの日曜日には、女房と2人でシチューを作ったよ。料理は趣味になりそうだ」

私は嬉しかった。料理が役に立ったことが嬉しくて体が震えた。

M氏は、もうイライラすることもなくなるだろう。

また、仕事も家庭もうまくいくと確信した。

あれから、５年。

料理によって、自分を見つめ、問題点が分かり、解決する術を得たM氏は「カリスマ経営者」として業界でも注目を浴びる人となった。

彼の会社は上場後も急成長を続け、「ツイてる！」が彼の口ぐせである。

The Power of the Cooking to make Your Annual Income Three Times The Power of the Cooking to make Your Annual Income Three Times

4章

潜在能力が開発され、
夢を叶えるパワーがつく

幸運な流れ「フロー」を起こす

3章で、料理によって集中するとストレスを解消でき、また問題点も見えると言う話をした。

さらに行為に集中して没頭するあまり、雑念が湧かず、時間感覚も失い、周囲の環境と一体になり……という状態のとき、さらにすごい現象が起こるのだ。

それを**「フロー」**という。

フローとは、**「流れに乗った状態」**のことだ。

この流れに乗ると、奇妙な偶然の一致である**シンクロニシティが起きたり、自分の才能以上の能力を発揮したり**……という、人生をよい方向に導き、加速度的に幸運を呼び込んでくれる現象が起こるのだ。

スポーツ選手が、プレーに没頭して今までやったことがないすごいプレーをするというのは、まさにフローの状態だと言える。

また、ロボット犬「AIBO」の生みの親、天外伺朗さん著作の『運命の法則』（飛鳥新社）によると、ヒット商品を生み出したときのソニーの開発チームは、このフローがたびたび起こっていたそうだ。

前述の『運命の法則』によると、このような強力なフローではなく、日常生活で、浅いフロー（マイクロフロー）をよく私達は経験しているそうだ。

本を読んだり、喫煙したり、散歩をしたり、ぼーっとしたり……そんなとき、マイクロフローが起こっている。

そして、この一見無駄な時間に見えるマイクロフローを剥奪した実験をしたところ、疲労を感じやすくなり、体調不良や、注意力が減少してしまったそうだ。

ここで、お気づきだろう。

これはまさに、料理力ではないか。


集中し、野菜や肉などの素材と対話し、ゴールを見据え、段取りを決め、料理にとりかかるとき、まさにフローを経験する。

このフローは、マイクロフローかもしれない。

しかし、これを日々、年間７００回（一日2回の料理での計算）経験すれば、仕事やその他で、深いフローに入りやすくなるのではないだろうか？


実際に私はこのフローを何度も体験した。


5年ほど前だが、取引先から「新商品の開発を期限一ヶ月」という、常識外の納期で迫られたことがあった。通常、新商品の開発には、企画立案から素材選び、サンプル制作と進み、そこで取引先のＯＫが出れば本番の商品製作にとりかかる。

その間には商品パッケージのデザインや、パンフレットの制作、原価の計算をし、販売価格の調整もしなければならない。どんなに急いでも、パッケージの製作だけでも一ヶ月はかかるのだ。しかも、商品のサイズが決まらなければパッケージの大きさを決めることはできない。

取引先の要求は「おしゃれなデザインの女性向きの健康商材」というだけ。採用されれば、月間で500万円は下らない取引になる。

「何とかやってみます！」と応えてはみたが、当てがあるわけではない。自宅に戻り、アイディアを絞りだそうとしたが、期限が邪魔をして進まない。

「もういいや、気分を替えよう」と、キッチンに行き、夕食作りを始めた。

その日は冷蔵庫の中にあるキャベツや玉ネギ、イカやエビなどを組み合わせて何か作ろうと考えた。

「八宝菜がいいかな？　でも、中華は胃がもたれて嫌だな……、だったら、スープ仕立てにしてパスタを加えてみたらどうか……」

いつの間にか、**今までの仕事のことは忘れ、料理に集中していた。**

しかし、その瞬間ひらめいたのだ。

「新商品をゼロから作ろうとするから、時間がかかるのだ。**今ある商品を利用すれば早くできるし、お金もかからない**」と。

すぐさま、工場と連絡をとり、当時在庫で眠っていた女性用の磁気肌着に改良を加えるように指示した。

改良といっても、従来のものに「胸パット」をつけるだけ。

これもお玉を見ていてひらめいたのだ。

翌日の夜には、改良した商品が出来上がった。

幸運なフローにいったん乗れば、次々とよいシンクロニシティが起こるものだ。

その日、友人のお嬢さんで美大に通っている女子大生が、たまたま遊びにきていたのだ。すぐにパッケージのデザインを担当してもらうことができた。

また、特急でパンフレットの印刷をしてくれる業者も、これまた偶然に見つかった。

結果、一ヶ月かからず新商品は完成。通販会社に採用された。
そして、その改良した商品は、大ヒット商品になったのである。
料理力を理解した人には、フローが起き、シンクロニシティを体験する。
この本を読んでいるあなたもすでにその中にいるのだ。

夢が変わる！　潜在意識が前向きに動き出す

意識して料理をするようになって13年あまり。

この間、私の身には様々な不思議なことが起こった。

最初に驚いたのは**夢が変わった**ことである。夢とは、あの夜寝てからみる夢である。

夢は、無意識（潜在意識）にあって、顕在意識にのぼっていないような抑圧された思考が出てくる。

以前、私は怖い夢をよく見ていた。

大好きな人が亡くなる夢。

蛇に追いかけられ身動きとれなくなる夢。

ワーワー泣きながら誰かにすがっても振り払われ、山の中に置き去りにされる夢は、連続テレビ小説のように何度見たことか分からない。

自分で分析してみると、私は、心配症のくせに強がりで、気に病む姿を人に悟られるのが嫌だから無理をしていたのかもしれない。

夢の中で、本音の自分が出て苦しんでいたのだろう。

それが、料理力の存在に気づいて1年ほどたったころから、**怖い夢を全く見なくなったのだ。**

最近みる夢は、イキイキと仕事をしている自分をもうひとりの自分が嬉しそうに見つめている夢や、友人に料理を振る舞い、お褒めの言葉を頂いている夢など。

目が覚めて「ニンマリ」することが多いのだ。

これは、**潜在意識が前向きに動き出した証拠**ではないか。

潜在意識とは、ご存知のとおり、**思考を現実化する意識**である。

私たちの意識は、顕在意識と潜在意識に分けられる。

普段、意識として考えられる顕在意識はたった10％ほど。潜在意識は、自分では意識することができない意識で、生命維持に必要な呼吸や心臓の動き、栄養の吸収などをつかさどっている。

この潜在意識は、今まで体験したあらゆる経験、知識、思考、イメージが蓄積されている。**この膨大な知恵の宝庫の潜在意識を使えば、あなたの能力は驚くほど飛躍する。**

また、潜在意識は、現実と創造（イメージ）の区別がつかない。

だから、顕在意識でイメージしたり、日々思考したりすることを現実に引き寄せてしまうのだ。

顕在意識で後ろ向きのマイナスなことを思考したり、イメージしたりすると、マイナスの現実を引き寄せてしまう。

顕在意識で前向きなプラスのことを思考したり、イメージしたりすると、プラスの現実を引き寄せることができる。

料理力を知ってから、私の潜在意識は前向きに、現実にプラスを引き寄せるように動き出した。

能力を飛躍させ、夢を叶える鍵になる潜在意識は、料理力によって前向きに開発されるようだ。

右脳を活性化させる料理のヒミツ

潜在意識は、脳の右側、**右脳**に関係がある。

脳には右脳と左脳があり、右脳は直感やイメージ・創造を、左脳は計算や論理・言語を担当している。

普段の生活では、意識的な思考である顕在意識をつかさどる左脳が使われ、意識はされないが、実は行動の大半を支配する潜在意識をつかさどる右脳は、あまり使われない。

私たちは仕事をするときには、左脳を優先的に使う習慣がついているのだ。

直感やイメージを大事にするよりも、論理的に考え論理的に行動することが多い傾向にある。


右脳は、左手。

左脳は、右手。

このように繋がっていると言われる（脳と手は左右逆）。

右利きの人ならば、日常生活で左手を使う機会は少ないわけだから、右脳の働きを活発にさせることはなかなかできない。


しかし、**料理は両手をバランスよく使う**のだ。

意識してみると、包丁や調理器具をもつ右手だけでなく、**左手も意外なほどよく使っている**ことに気づく。

玉ネギをまな板にのせ、包丁でみじん切りする光景を思い浮かべてみよう。

もし、左手で玉ネギをしっかり押さえていなかったら、乱切りすらうまくできない。

片手で料理するのは難しいのだ。

また、料理は食材選び、レシピの選択、下ごしらえ、調理と、さまざま段取りがつなぎ合わされて完成する。

そのため、**全体を見渡す視野や完成品から考える力**も必要とされる。

また、**左脳を使った論理的な発想も鍛えられる。**

料理は脳をバランスよく使っているのだ。

だから料理をすると、右脳には、その経験が蓄積され潜在意識に影響を与え、**アイディアや感動が溢れて**くる。

顕在意識をつかさどる左脳だけでは処理できない問題も、**ストレスを感じることなく解決**できるようになる。バランスがとれて心に余裕が生まれるのだ。

左脳だけで感じたときには「ダメだ」と思えたことも、右脳が活発になって「ダメでもともと、やってみよう」と前向きになれる。

右脳にスイッチが入れば、顕在意識の中で思っている自分の能力の何十倍もの能力が引き出され、できなかったこともできるようになる。

やりたいことが見えてきて、希望に満ち溢れ、毎日ワクワク胸が躍ることや、新しい経験に笑顔もこぼれるのだ。

私がマイナス思考から、変われたのは、右脳で感じることができるようになったからだ。意識して継続的に料理する習慣が身についたからに他ならない。

夢を実現する「ゴールからの発想」が身につく

私が資格取得をめざして勉強していたときには常に**「ゴールからの発想」**を心がけていた。

ゴールとは「合格」であり、そのためには試験日に最大限の実力を出せるように、試験日の何ヶ月前には何をするべきか、何をしてはいけないかを明確に理解し、段取りよく行動する。

合格した自分の姿を強烈にイメージし、勉強していたのである。

仕事でも勉強でも**実力を発揮し、目標を達成できる人は、ゴールからの発想ができる人。完璧に成し遂げた姿をイメージできる人**である。

笑顔満面の自分の姿だけでなく、上司からかけられるほめ言葉の内容、そのときの自分の服装、特別ボーナスとして30万円をもらう、昇進する……など、できるだけ具体的にイメージできる人の方が成功の確率は高い。

具体的にゴールをイメージすれば、**潜在意識がそれを実現しようと動き出すからだ。**

しかし、まだ始めてもないこと、もしくは始めたばかりのことのゴールをイメージすることは慣れないと意外と難しいのだ。

そこで、料理である。料理は完成図が見えやすく、誰にでも理解しやすい。

料理は、「ゴールからの発想」を身につけるのにもってこいのツールなのだ。

あなたの作った料理をいつ、誰に食べて頂くのか。

19時から夕食を食べるために、ゴールである完成図をイメージし、逆算してスケジュールを組む。

自分ひとりで料理を食べるにしても、てんぷらとご飯と味噌汁と酢の物の献立で、スケジュールがしっかり組めていなければ、できたてアツアツがおいしい天ぷらを最初に作り、食べごろを外してしまう。何度も味噌汁を煮立てしょっぱい味噌汁を飲む羽目になる。

タイムスケジュールができていなければ食べごろを外すだけでなく、あせりから鍋をひっくり返す、味噌汁をこぼす……、しないでもいい失敗もするのだ。

完成図を意識して、完成に向けて着実にやるべきことをやる。

一生懸命に料理を作ったところで、完成地点から逆の方向に行動しているのなら意味がない。

完成図をより明確に意識するためには、

おいしく出来上がった料理から立ち上る湯気や匂い、

盛り付けられた皿、

喜ぶ奥さんの顔など……、

あたかも、**もう完成しているかのようにリアルにイメージする。**

あるいは、奥さんから「あなた、こんなにおいしい料理をいつ覚えたの？」と質問を受けたと仮定し、その答えをメモに書いてみてもいい。

完成に向けて態勢を整え、自分自身をコントロールしていく。

成功者になりきるのも必要である。

冒頭でも説明させていただいたが、一日2回の料理の習慣で、年700回の自分磨きになる。

年700回も、このゴールからの発想を毎回違う料理で行うことができたら、夢の実現はもうあなたのものである。

言葉のパワーを料理に込める

言葉には、パワーがある。

花に向かって「いつも綺麗だ」「綺麗に咲いて」という声をかければ、花はより綺麗に咲こうとする。

「ありがとう」と言い続けた水を凍らせると、水はあなたの言葉を反映して綺麗な形の結晶になる。「バカ、マヌケ」など汚い言葉を話しかけ続ければ、形の乱れた結晶になるという。

言葉は相手に影響を与えるだけではない。

どんな言葉も言った本人に返ってきて、そして本人に影響を与える。

なぜなら、**言葉は、直接あなたの潜在意識に影響を与える**からだ。

また、潜在意識は、よいことも悪いことも現実にするだけではなく、言葉やイメージの主語（誰が）は全く無視をする。

「どうせ……」「私なんか……」「価値がない」などという言葉は、潜在意識にダイレクトに伝わり、その人は本当に価値がない、つまらない人生を歩むことになる。

また、「○○のせいで」「○○は最低だ」など、あなたが誰かの悪口を言った時には、潜在意識はそれを他人への言葉だとは思わず、自分に向けられた攻撃だと解釈してしまうのだ。

一方、「私は幸せだ」「ツイてる！」「ありがとう」「大好き」など、きれいな言葉や聞いていて心地よいプラスの言葉を使えば、脳は口に出した言葉をそのまま受け止める。

そして、ツキに恵まれた幸せな人生をあなたに与えてくれる。

言葉にはすべてを実現する力があるのだ。

このパワーを、おおいに料理力に生かそうではないか。

野菜や魚、肉に対して「(生命を分けてくれて) ありがとう」、「おいしくなってね」とたまには声をかけてみよう。

私たちは、食事をするときに「いただきます」と口にする。

「いただきます」の本来の意味は「自分ではないほかの命を頂いて自分は生かさせて頂きます」という感謝の表れなのだ。

食材を作ってくれた水、太陽、空気、海、土などその食材を育んでくれた自然に対してまで深い感謝の念を込めた言葉なのである。

食材に感謝をし、食べてもらう人へ愛を込めてプラスの言葉を発しよう。

「おばあちゃんの作るおにぎりはどうしておいしいの?」

小学生の頃、祖母に尋ねたことがある。

祖母の作るおにぎりは、塩加減が絶妙で、口に入れると、米粒がほろっと崩れるが、決して柔らか過ぎず食べやすい。具が量ったように真ん中にあってのりも香ばしく私の大好物だった。

「それはね、**おいしくなれ、おいしくなれって願いながら握るから自然とおいしくなるんだよ**」

「そんなものかな?……」

半信半疑で祖母の話を聞いていたが、大人になり自分で料理を作るようになって祖母の言葉の意味が理解できた。

言葉のパワーとして、**料理の素材に影響を与える**こともあるだろう。

そしてまた、食べてもらう人の顔を思い浮かべ、おいしくなれと願いながらおにぎりを握れば**塩加減や握る力にも心を配る**。作った人の心の豊かさが味に現れるのだ。

こまめに料理に「嬉しい」「おいしい」という気持ちを込めていくと、それだけで相手の心に響く。

相手からも信頼や愛情、あたたかな眼差しとしてあなたに返ってくる。

「ありがとう習慣」であなたの成功は約束される

今まで、料理力の底知れないパワーについてお話ししてきた。

ここまで、読まれた方はきっとすぐに料理をしたいと思われるはずだ。食材を購入し、キッチンに走りこむ方もいるかもしれない。

あなたはもうなりたい自分、思うような人生を歩む「成功者」としての道を歩み始めたのである。

そこで**成功を約束する総仕上げ**をしよう。

料理力で願望を引き寄せるパワーがついたあなたに身につけてほしい「ありがとう料理習慣」である。

用意するものは、感謝の言葉を表す**「ありがとう」の言葉**。もうひとつはあなたの**「手のぬくもり」**。この2つでいい。

「ありがとう」は、形容詞「有り難し」が変化したもので、有ることが難しい事象が起きた、滅多にないことが起こったという奇跡の実感が元になっている。

本来は、宗教的な感謝の気持ちを表す言葉であり、「命を与えてくださってありがとう」と神仏を賞賛する言葉なのだ。

それと同時に、あなたの周囲の人やあなたを支えている人に対しては「あなたがいてくれてありがとう」本当に嬉しいという感謝の言葉になる。

「握手をする」、「手を振る」、「手紙を書く」……、もし手がなかったら感謝の気持ちを表すのも難しい。

当たり前だから気づかないが、**手はあなたの心を表している**のである。

食材を選ぶ、下ごしらえをする……など、料理をする一連の行為は手を使うことがほとんどである。

料理は、**その人のもつエネルギーや感性が、手を通じて表現される**もの。

「手当て」、「手をかける」、「手作り」、「手料理」など、手にまつわる言葉が多いように、私たちの生活は手を介して成り立っているのだ。

それでは始めよう。

まず「ありがとう」を伝えるターゲットを決める（ターゲットを決めたほうがより早く確実に「ありがとう習慣」が身につく）。

あなたの料理を食べてもらいたい人や大好きな人。

愛する奥さんや子供、両親。

彼女や彼氏。いつもお世話になっている上司や仲のいい友人。

あなたを支えてくれている人など、できるだけ身近にいる人がいい。

次にその人の顔を思い浮かべ、「ありがとう」と言いながら料理をするのである。

食材を選ぶときには、食材をいとおしむようにもちながら。ぞんざいに掴んだり、投げたりするのは命を粗末にするのと同じ行為になる。

食材を洗う、混ぜる、こねる、研ぐ、握るなど直接手を触れる作業のときに「ありがとう」と言いながら料理をする。

あなたの手のぬくもりを感じさせながらである。

声に出さなくてもいいが声に出したほうが、感謝の心をより感じられ、あなたの心も穏やかになっていく。


「ありがとう」はあなたにあった「ありがとう」でいい。

「ありがとう！」と元気に言ってもいいし、「ありがたいな」「いつもありがとう」「ありがとうね」でも構わない。

あなたの口から自然に出る「ありがとう」が一番なのだ。

そして、相手を意識して語りかける。
愛する人には「あなたがいてくれるだけで嬉しい、ありがとう」
お世話になっている人には「あなたのおかげで仕事ができる、ありがとう」

それぞれに感謝の心を込めて「ありがとう」と言うのである。

最初は機械的に「ありがとう」としか言えないかもしれない。

しかし、考えてみよう。

料理は命に関わる行為であり、あなたが好きな人やお世話になっている人の料理を作らせて頂けることは、**相手が「命を委ねている」信頼の証**。

人間にとって最上級の信頼をあなたに寄せていることへの感謝の心で、胸が熱くなる感覚になるはずだ。


「疲れて帰宅して、それから料理をするなんて」と思う日もあるだろう。

「料理を男が作るなんて女房の尻にひかれているみたいでカッコ悪い」と感じる男性もいると思う。

でも、人が生きていくうえで一番重要なのは食べ物。

命を左右する食べ物に関われることはあなたの特権なのだ。

奥さんを肝臓がんで亡くし、幼い2人の男の子を育てている塗装業を営む30代の男性がいる。

お客様の都合によっては朝早く家を出たり、帰りが深夜に及んだりすることもある。

そんなときでも毎日の食事は彼が作り、洗濯や掃除は休みの日に行い、子供を育てていたのだが……。

奥さんの三回忌が過ぎた頃、仕事が忙しくなって料理に手をかけられなくなった。

店屋物やファーストフードで済ませるようにお金を子供に渡し、仕事に出ることが増えたのである。

たまに早く帰宅しても「疲れているのに、なんで俺が料理を作らなければいけないのか」とか「女房がいないせいで余計なことをやらなければいけない」と嫌々料理をするようになった。

ちょっと子供が泣いただけで当り散らす。

イライラしてアルコールに頼る。

取引先とも口げんかが絶えない……。

悪いことが続くようになったのだ。

そんなある日、5歳のお兄ちゃんが「パパが作ったハンバーグが食べたい」と話しかけてきた。

彼の顔色を伺うように「僕も手伝うから、パパいいでしょ？　作って……」と。

そのとき彼は大事なことに気づいたそうだ。

「俺は何をやってるんだ、この子たちがいるから毎日頑張れるのに」

「子供の存在に感謝しなければいけないのに」

それから、「ありがとう、パパの料理を食べてくれて」「いつもパパを支えてくれてありがとう」と思いながら、ときには声を出しながら、料理を作るようになった。

亡くなった奥さんにも「こんなに可愛い子供達を授けてくれてありがとう」と。

そうするうちに、イライラが消え、アルコールに溺れることも、取引先とのトラブルもなくなった。今では取引先も増え、いい方向に向かっているのを実感しているという。

「ありがとう」と「手のぬくもり」で感謝をする。

「ありがとう習慣」が身についたならば、あなたの成功は揺ぎ無いものになる。

The Power of the Cooking to make Your Annual Income Three Times

5章

3日間集中！
実践・必ず成功する料理力

The Power of the Cooking to make Your Annual Income Three Times The Power of the Cooking to make Your Annual Income Three Times

3日で差がつく料理力〜牛肉のたたき

今まで、あなたの才能を発揮させ、運のいい人になるための秘訣である「料理力」について話してきた。

たった3日でもこの本に書かれている内容を理解し、行動すれば確実に料理力は身につく。

この章では、料理し始めの3日間で実践できること、またやるべきこと、そして心構えを述べようと思う。

3日というと、またいつものごとく続かないのでは……と不安に思う方もいるだろう。「三日坊主」とは、飽きっぽい人の代名詞になっている。

しかし、元々は仏教に由来する言葉でふたつの意味がある。

ひとつは、俗世間で起こる様々な事柄に嫌気がさし、すべてを捨て仏門に入ったが、仏の道は想像以上に厳しく、俗世間に帰る人が多い。そのタイムラグが3日であり、「3日しかもたない坊主」の意味。

もうひとつは、**「3日間集中して悟りを得る」の意味**で説かれている「集中の原理」を示す。

料理力ではこの「3日間集中して悟りを得る」というほうの三日坊主を推奨する。料理力は3日も続けられれば達成感が得られる。なぜなら、毎回結果がすぐに見えるからだ。

仕事ができるという自負のある人ならば、3日と言わず1日1回でも料理力を実感できるはずだ。今度の週末、会社の休日を「料理デビューの日」に決めてもいい。

そんな「自分は三日坊主だ」という人や、初めて料理をする人にお勧めの料理がある。

「牛肉のたたき」である。

見た目が豪華で、手間をかけていないのに複雑に見える。コツさえ押さえれば誰でもできる料理なのに、「これあなたが作ったの？　すごい」「信じられない」「センスいい」と感嘆の声が上がる。

おもてなしにも向く料理だから、あなたの株があがることも間違いなしである。ほめられるから料理を続ける意欲も湧いてくる。やる気にさせる料理である。


成功のポイントは3点だけ。
1、上質の牛肉を選ぶこと
2、強火で牛肉の表面だけに焼き目をつけること
3、たたきは食感が命だから、なるべく薄く切る

この3点を押さえれば、口に入れると、ほんのり甘みを含んだ凝縮された肉の旨みに誰もが驚くはずだ。

材料（4人分）

・牛もも肉　300g～400g（3㎝ほどの厚さ）
・サラダ油　大さじ2分の1
・塩　小さじ1
・レモン　適量
・薬味や添え物としてクレソン（貝割れ菜でもいい）、大葉、万能ネギ、おろししょうが　適量

作り方

①フライパンにサラダ油を熱し、牛肉を入れ強火で肉の表面2～3㎜に火が通る程度に焼く
②焼いた肉を取り出し熱いうちにレモン汁少々と塩を振り、手でたたいて馴染ませる
③仕上げは5㎜程度の厚さにそぎ切りにする

④器に盛り、くし型に切ったレモンや小口切りに切った万能ネギ、大葉、おろししょうが、クレソンを添える。
⑤好みのたれを添えていただく。

たれは、こってり好みの人には、「練りゴマ大さじ3・醤油大さじ2・酒大さじ1・砂糖大さじ1・ゴマ油大さじ2分の1」をよく混ぜ合わせたたれ。

さっぱり好みの人には、ポン酢にゆず胡椒や、ワサビを添えても喜ばれる。

また、たれや薬味を工夫すれば作り過ぎても飽きずに食べられる。

パンにはさんでサンドイッチにしたり、一口大に握ったおにぎりに巻いたり、お寿司にしてもおいしくいただける。

「牛肉のたたき」は、肉の目利きや、野菜との対話に特に力を注いでほしい。

新鮮なクレソンがなければ貝割れ菜にする。

レモンの代わりにライムを使ったらどうなるか、万能ネギではなく、長ネギならどうか。食材から発想力や想像力、洞察力などを学んでほしい。

肉の焼き色の見極め、計量スプーンを使ってのたれ作りからは、決断力や実行力、変化に動じない冷静さが学べる。

おもてなし料理として、あなたのコミュニケーション作りにも寄与する。

簡単な段取りで、仕事ができる人の6つの条件を磨くことのできる「牛肉のたたき」は、料理未経験の「三日坊主」を自認する人にこそ作ってもらいたい料理である。

成功を加速させ、味付けを決める「いち・いちの法則」

「三日坊主」を気にせず、ポジティブに料理を楽しむあなたは、料理力に守られて成功者の階段を上っている人である。

さらに成功に加速をつけるために、ここで「いち・いちの法則」を提案したい。

「いち・いちの法則」とは、

第一印象の「いち」、

そして、**小さな失敗はいちいち気にしない**の、「いち」に由来する。

食材選びやメニュー選びに迷ったら、**第一印象を大事にする。**

最初に、あなたの心に響いたものを優先して採用する。
これは、無駄な時間や余計なこだわりからあなたを救う法則である。

ビジネスの現場でなら経験があるだろう。
のどから手が出るほど、新しい得意先はほしいが、「この会社はちょっと危ないのでは？」と瞬間でも感じた会社は、将来必ずと言っていいほどトラブルを引き起こす。

「このお客様とは長く付き合えそうだ」と初対面で感じた人とは、取引が長年にわたって継続する。

付き合って初めて分かる場合もあるが、第一印象通りの付き合いになる場合が多いのである。

料理の場合は、ビジネスや人付き合い以上に第一印象が左右する。
それは視覚・聴覚・嗅覚・味覚・触覚の五感をフルに使う感性に支えられた作業であるからだ。

次の「いち」だが、小さな失敗をいちいち気にしないことも料理力をつけるコツである。

成功者はいつも「トライアンドエラー」を繰り返し、成功を手にする。

失敗を反省し、原因を探るのは大いにしても、そこで挑戦を止めないこと。

行動する速度を落とさないことを守りたい。

誰でも失敗が続けば腐って、料理をする気も失せるだろう。

しかし、失敗しなければ学べないことがたくさんある。

学べることは幸せなことだととらえてほしいのだ。

小さな失敗をいちいち気にするのは、成功速度を落とす元凶にしかならないのである。

さらに、もうひとつ覚えてほしい**味付けの「いち・いちの法則」**をここで紹介したい。

この法則をもとに、想像力を働かせ、あなたのものさしで、あなたにしか作れない料理を創作すれば料理力は一層あなたに味方する。

■味付けのいちいちの法則

以下は大体4人分を想定したものである。参考にしてほしい。

◎あっさり煮物は醤油1・みりん1の割合

煮浸しや卵とじなど短時間でできる煮物の味付けである。
醤油、みりん各大さじ1杯に、出し汁カップ1杯を加えた煮汁でさっと煮る。

◎こってり煮物は醤油1・酒1・砂糖1の割合

肉じゃがや肉豆腐、魚のあら煮などは醤油、酒、みりん各大さじ3杯に、出し汁や水を食材がかぶる程度加え、じっくり煮る。

◎煮魚は醤油1・酒1・みりん1の割合

醤油、酒、みりん各大さじ3杯に水を2カップ程度加えた煮汁で煮る。

◎照り焼きは醤油1・酒1・砂糖1の割合

醤油、酒、砂糖各大さじ2杯を混ぜ合わせ照り焼きのたれを作る。豚肉のしょうが焼きは、砂糖をみりんに替え、しょうがのすりおろしを適量加える。

◎和風ドレッシングはサラダ油1・酢1・醤油1の割合

3～4人分で各カップ四分の一ずつをよく混ぜる。ゴマや大葉の細切り、ネギの小口切り、おろししょうが、大根おろしを加えてもおいしい。

◎酢の物は醤油1・酢1・砂糖1の割合

魚を使うときは砂糖を控える。酢がきついなら出し汁をプラスしてもいい。

◎困ったときのいちいちソース

洋風料理には粒マスタード1・オリーブオイル1の割合。ステーキやムニエルに最適のソースになる。醤油をほんの一振り加えてもいい。

エスニック風に仕上げるにはナンプラー1・酢1・レモン汁1の割合。シーフードサラダや蒸し物と相性抜群のソースができる。我が家がタイ料理レストランに変身するエキゾチックな味である。

さあ、あなたの部下と協力者である、計量カップとスプーンを携え料理をしよう。いちいちの法則を駆使すれば、新たな発見が生まれ、あなたの創造力や発想力をさらに膨らませるに違いない。

脱・包丁尊重主義
～誰でもできる手のぬくもりを感じる一品

いい包丁は確かに切れるし、使い分ければその使い心地のよさに納得する。初めて料理に挑戦する人は形から入るほうが、モチベーションが上がるのはもっともだが、「包丁尊重主義」には陥らないでほしい。料理力は、道具よりもあなたの手、あなたの思いを料理に込めることが先決だからだ。

ここで包丁を使わなくても作れる料理を紹介しよう。創意工夫と、あなたの手があれば誰でもできる料理である。

◎厚揚げとこんにゃくの田舎煮

材料（4人分）：
・厚揚げ　1枚
・こんにゃく　1枚
・ゆで卵　2個
・干し椎茸　3〜4枚
・醤油　適量
・酒　適量
・砂糖　適量

作り方：
①干し椎茸は適当にちぎり、ひたひたの水に浸けて戻す。
②こんにゃくを手でぶつぶつにちぎる。形にこだわらず、口に入れやすい大きさなら

ばいい。厚揚げもこんにゃく同様にちぎる。
③熱い湯をこんにゃく、厚揚げにかける（こんにゃくのエグミ、厚揚げの油抜きのため）。
④深めの鍋に戻した干し椎茸、こんにゃく、厚揚げ、殻をむいたゆで卵を入れ、干し椎茸の戻し汁と水を食材がかぶるぐらい加える。
⑤味付けは、醤油1・酒1・砂糖1の割合で加減しながら行う。
⑥落とし蓋をして食材に味がしみ込むまでじっくり煮る。

こんにゃくや厚揚げは手でちぎったほうが、断面から味がしみて、おいしくなる。干し椎茸は、ちぎることで戻し時間が短縮される。見た目は料亭風の煮物には劣るが、ご飯のおかずには最適な煮物である。また、冷えてもおいしくいただけるのでお弁当のおかずにも重宝する。
味付けのいちいちの法則を生かした料理でもある。

包丁がなければ料理がしにくいのは当然のことである。

しかし、料理力を得るためには、手指でもいろいろなことができる。手の感覚を大切にすることを覚えてほしいのである。

そうでないと、便利そうだからと「型抜き」で流れ作業のように、おにぎりを作る。カット野菜を当然のように購入する。八宝菜セット、シェフの選んだグルメセット……。

食材との対話を忘れ、機械的な料理をすることになりかねない。

最低限用意すべき調理器具

料理に欠かせない道具に鍋やお玉、フライパン、菜箸などの調理器具がある。

これらは2章でも紹介したように、あなたの手に代わって働いてくれる「優秀な部下」であり、「協力者」だ。

できれば使い勝手がよく、あなたの思うように動いてほしいものである。

ここでは、料理力を発揮するために、**一通りそろえておくと便利なもの**をあげておこう。

あなたの指揮命令が部下や協力者に的確に把握されるように、調理器具は吟味し、最低限度の数をそろえることを勧めたい。

それは、洗う、拭く、収納するということを考えてのことでもある。

極端な話、ひとり暮らしや夫婦ふたりだけの家庭なら、それぞれひとつずつと決めるのだ。それ以上増やさない。複数もたない。売り出しやプレゼントで貰ったからといってとっておかない。

道具が少なければ、少ないほど整理整頓がしやすく、料理の段取りもスムーズに運ぶのだ。

鍋やフライパンがいつもきれいになっていることは、おいしい料理を作る基本だ。数が少なければ、出番が多く、いつもきれいに洗ってあることになる。

男性は道具に凝って「プロ用の寸胴」や「重い鉄のフライパン」「大きな中華鍋」などに走りがちになる。洗う、拭く、収納することを考えるといかがなものかと思う。きちんと管理できる自信がある人以外は避けたほうがいい。

そうでないと、部下の扱いに手を焼くできない上司になってしまう。

昔は私も鍋に凝り、シチュー鍋、ミルクパン、パスタ鍋、ゆで卵専用鍋と、様々買いそろえたし、鉄やステンレス、テフロン加工、陶器……と、素材にも凝っていた時期がある。しかし、気がつくと、キッチンが鍋で占領され、片付けに手間取る。ひとつにしか使えないものは使い勝手が悪く、多くの用途を兼ねる鍋が一番使いやすいことにも気づいたのだ。

鍋やフライパンは「フッ素樹脂加工」がお勧めである。フッ素樹脂加工については諸説あるが、焦げ付かない、洗いやすい、拭きやすいを考えれば今のところ最良だと考える。

最近、柄が取り外せる鍋が売られているが、これはあまり勧めない。柄の固定した鍋のほうが初心者には断然使いやすいからだ。

参考までに、最低限度必要な調理器具を紹介する。すべて各ひとつをそろえたい。

・鍋（直径18センチ、深めの両手鍋）
・サイズの合う落しブタ
・鍋（直径18センチ、平底）
・フライパン（直径24センチ）
・やかん（1.8リットル）
・ボール（直径20センチ）
・ステンレス製ザル（直径13センチ）
・まな板1
・包丁（ステンレス製の万能包丁）
・調理用バット
・計量カップ
・計量スプーン15cc
・計量スプーン5cc
・采箸
・フライ返し

・お玉
・しゃもじ
・栓抜き（缶切りも兼ねるもの）
・ピュラー（皮むき）
・おろし器
・調理用のはさみ

その他、冷蔵庫・電子レンジ・オーブントースター・炊飯器。
そして、忘れないでほしいのがフキン。これだけは1枚とはいかない。調理用、台ふき用をふくめて10枚は用意したい。

少なすぎて拍子抜けしたかもしれない。
まずは料理習慣をつけることが先決である。キッチンの整理整頓はめんどうなものだという観念を払拭するには、最低限度の調理器具で慣れることが大切なのだ。

少ない調理器具でどう段取りよく料理するかは、少ない人数でどう仕事をするかに

通じる。

個人の個性や能力を見極め、最大限に活用する。
仕事のできるあなたならたやすい課題だろう。
あなたの知恵の見せどころだ。

たとえば、現在は多くのものが袋状のパッケージになっているから調理用のはさみを使うほうが手や包丁を使うよりも、料理の効率がよくなる。
はさみは、のりを切る、カニをさばく、冷凍した食材を切るなど、包丁の協力者とも言えるもの。ごぼうのささがきやニンジンの皮むきで威力を発揮するピュラーも、同様である。

炊飯器でご飯を炊きながらじゃがいもを蒸す、ケーキを焼く、スペアリブを作るなんて裏技も考えられる。

「男の料理」でがんばりすぎないのが料理力

男性に料理を勧める本には、しばしばこんなことが書いてある。

「女性たちに料理をまかせておくとロクなことがない。忙しさ理由に、何事も手を抜きたがる女性たちは、買い物に出かけても近所のスーパーでパック入りのものを買ってすまし、食材の目利きもしない。それではおいしい料理はできるはずなどない。きちんと市場に出かけ新鮮な食材を選び、刺身を作るなら1匹丸ごとの魚を求めおろすべきだし、調味料もこだわって選ぶべき……」

市場に出かけ、活きのいい魚を買い、刺身を作ればおいしいに決まっている。

しかし、日常生活でしばしば行うことは不可能に近い。

理想ではあるが、現実味のある方法ではないはずだ。

何もしないで、頭の中であれこれ考えあぐねる。うちの奥さんは、ロクに料理もしない。手抜き料理ばかり食べさせられて嫌になる……と、ブツブツ文句を言う前に、できることから始めるべきなのだ。

「男の料理」に触発され築地市場に買出しに行き、イカや鯵を大量に購入したものの、いざ料理をする段になってその量に恐れをなして、奥さんの助けを求め、ひんしゅくをかった友人がいる。

まさに、大量の不良在庫を抱える経営者のようである。

意欲は買うが、家人に迷惑をかけるだけで何のための料理なのか。

もちろん彼の料理の歴史はそれで終わりである。

食材の購入先は、**近所のスーパー、会社からの帰り道にある食品店、行きやすい店**でいいのだ。

まずは食材がどう売られているか、どんな顔をしているか、自分の食べたいもの、大切な人に食べさせたいものを頭に描きながら食材選びに出かけよう。

始めから、フルコースを作ろうなどと野望を抱くのは、新入社員が「将来は社長になります」と宣言するのに等しい身の程知らずの発想である。

八百屋で熟したトマトを見つけた。

真っ赤で張りがあり、へたもしっかりしていて、路地モノと書いてある。朝露なのか……、おいしそうだ。いくつか購入して家に持ち帰り、洗って冷蔵庫で冷やす。丸ごと1個に塩を付けて食べてみる。旨みと甘みが濃厚で食材選びは成功だ。

こんなふうに、食材に塩をつけたぐらいでは、料理をしたとは威張れない。

しかし、それでも人が作った料理を何の考えもなく、受身で食べるよりは食材の顔をみて、対話して選ぶ行為を経たほうが料理の本質に触れられる。

少なくとも義務感で料理をしている人よりは、料理力はつくのである。

今度は、トマトを5ミリほどの幅に薄くスライスし、皿に並べる。上に塩を少々振りかけ、砂糖小さじ1～2杯とレモン汁をかける。りっぱな「トマトサラダ」の完成となる。

洗って手でちぎったレタスや、斜めに薄く切ったきゅうりとともに、おしゃれなガラスの鉢にこんもりと盛る。和風ドレッシング（「味付けのいちいちの法則」182ページ参照）をかければ、レストランの定番「コンビネーションサラダ」が完成する。

心に響いた食材が選べれば、後は自由な発想でどんどん挑戦すればいい。

世間では、料理には様々な決まりごとがあって一定のプロセスを踏まなければいけないめんどうなもの、難しいものと思われているふしがある。

しかし、ノウハウはプロの料理人になるならいざしらず、素人の私たちには必要ないのである。

所詮素人の作る料理だとタカをくくり、自由な発想と大胆な行動力、冷静な判断力や洞察力を駆使し、失敗を恐れない不屈の精神で料理を作ろう。

料理とは自由なものなのだ。

料理ベタの人などいない

時折、料理オンチだという人に遭遇する。

そんな人に私は毎回、同じ質問をする。

「食べることは好きだよね？」

答えは決まって「そりゃあ好きだよ」と返ってくる。


この世の中に食べることに興味のない人などいない。

それが証拠に、グルメ雑誌は百花繚乱のごとく書店を賑わしている。

話題のラーメン屋があると聞けば、1杯500円のラーメンのために1時間も並んでその味を確かめようとする。

私は日本人ほど食べることに貪欲で柔軟性があり、知識欲もある国民はいないと考えている。

何せ、明治維新で、それまで猟師や特別な人以外は口にしなかった鳥獣を「西洋文化に習え」の精神で口にするようになった歴史をもつ。

また、敵国の食文化も敗戦後すぐに取り入れ、日本固有の食材を外国の食材と合体させる芸当もいともたやすく行う。

この貪欲さがなければ、「あんぱん」も生まれなかっただろう。

そして、熱い料理に冷たい添え物という西洋料理にはありえない組み合わせである、「豚カツ」と「キャベツのせん切り」のコラボも考えられなかったはずである。

「好きこそものの上手なれ」の格言のとおり、好きなことや興味のあることは本来誰だってその才能を伸ばせるはずだ。

食べることが好きで、食べ物に興味があるなら料理だって当然のように好きであるし、料理オンチのはずなどないのだ。

料理が嫌い、料理オンチという人は料理をする環境になかっただけ。
あるいは、料理をすることで得られる〝メリット〟に気がついていなかっただけなのだ。

これは、パソコン嫌いな社長がある日、秘書に突然退職され、それまで秘書任せにしていた文書作成を自らやらなければいけない環境に追いやられ、やってみたら案外簡単で、楽しい……。パソコン嫌いは、パソコンを打つ環境になかっただけ。食わず嫌いなだけだったんだと気づくことに似ている。

いいや、料理作りの場合はもっと食わず嫌いでやらないだけ。やらないでも済むからしないという人が多いといえる。

食事はすべて外食で、連日連夜ご馳走攻めにあうことを想像してほしい。

1日目、朝はホテルでオムレツにベーコンを添えた1皿にトースト、オレンジジュースのアメリカンブレックファースト。お昼はイタリアンレストランでパスタランチにデザートはパンナコッタ。夜はフレンチレストランでフルコースディナー。

2日目の朝はカフェで好きなだけパンを食べ、昼は中華定食、夜は鮨屋で酒を飲みつつ刺身をつまみ、しめはバラちらし……。

こんな食生活が1週間も続いたらよほどの健啖家でも「もういい！」「家で普通のご飯が食べたい」と考えるはずである。

そんなとき、家に奥さんなり、家政婦さんなりいれば別だが、実家に帰っていない、就業時間外でいないとなれば、あなたが料理を作らなければいけない。

とりあえず一番簡単なメニューにするか……。

スーパーに出かけ、刺身と豆腐と長ネギを買い、「刺身とご飯、豆腐の味噌汁」の献立に決定。めんどうだから、ご飯は炊かずに買ってしまおう……。

刺身は出来合いを皿に盛れば出来上がり。

味噌汁もインスタントで出し汁をとり、さいの目に切った豆腐と、小口切りの長ネギを加えれば5分もあれば完成する。

後はご飯を茶碗に盛れば「我が家風刺身定食」が出来上がる。

しかたなく料理を作る破目になったが、やってみれば案外できるじゃないか……。

するると疑問が湧いてくる。


ご飯はスーパーで買わずに家で炊いたほうがおいしいはずだ。刺身もワサビ醤油で食べるだけでなく、イタリアン風にオリーブオイルでマリネしたらどうか。中華風に醤油とゴマ油で食べたらどうか……。

日頃のグルメ修行の成果から、あれこれアイデアが湧いてくる。


食べることが好きなら、食材を見ただけでいくつものメニューが思い浮かぶはずである。

それは、料理の完成図が明確にイメージできているのと同じなのだ。完成図から考える料理のプロセスだって何となく分かる。

レシピなしでも、自分の舌やイメージを武器に料理が作れるに違いないのである。


しかたなくから始まった料理でも、案外楽しい。

こんなに楽しいならもっと早くやるべきだった。

料理をしているときは集中できるな、何だか頭の中がすっきりするぞ……。

ストレスも感じなくなったし、最近決断力もついてきたみたいだ。

こんなふうに、全くある日の偶然から料理好きになり、料理力に出会って、ますます料理にはまる人も多いのだ。

人は誰でも料理好き。料理ベタな人など本来いない。

食べることに世界中で一番貪欲な日本人なら、料理上手の遺伝子が体の中に組み込まれている。

この遺伝子を生かさない手はない。

付録

手早くできて強運体質を作る
最強レシピ

強運体質を作る清く正しい日常食

■ご飯

料理力を身につけるうえで最初に覚えてほしいのが、ご飯である。知っているようで知らない、ご飯の炊き方を先ずはおさらいしよう。すでに料理はベテランの域に達していると思われる人こそ、要チェックである。

1、米の量り方

料理本を読むとカップ1あるいは、1合と表記がある。カップ1とは、計量カップ

（200ml・200cc）の目盛りまで入れた量。

1合の米を計量カップに入れるとカップの目盛りまでいかない。1合とは1カップよりも少ない量なのである。たとえば計量カップを基準に1合の米を計り、炊飯器の目盛り1まで水を入れ炊けば固いご飯が出来上がってしまうのだ。ちなみに、電気釜についている計量カップの容量は180ccである。

おいしいご飯の水加減は、**お米の20％増し・新米ならば10％増しが基本**である。

2、米の炊き方

「研ぐ」というより、さっと短時間で洗う感覚がおいしいご飯の決め手。急いで炊く場合には、水を若干多めにする。

①ザルとボールを組み合わせ、たっぷりの水を入れてひと混ぜし洗い流す。
②もう1度水を八分目まで入れ、指先で小さな円を描くようにかき混ぜ、洗い流す。
水が澄むまで3～4回この作業を繰り返す。
③ザルをバットに乗せ30分ほど置く。

④米を炊飯器に移し、分量の水を加え、炊き上げる。

3、おいしくなる工夫

炊き上がったら10分ほど蒸らし、底から混ぜて蒸気を逃がす。しゃもじでご飯の上下を返し、切るように混ぜる。

■味噌汁

おいしい味噌汁を作る秘訣は、ダシと味噌にある。上等の昆布や削りぶし・煮干・味噌を使えば誰でも間違いなくおいしい味噌汁が作れる。

ダシをとるのが面倒だ。インスタントのダシで充分だと言う人も、ダシをとり、味噌汁を作ってみると旨みと香りの違いに気がつく。インスタントダシの味噌汁は、幼稚で下品な味に思える。

ここでは、簡単だが、おいしいダシの味を堪能できる我が家の味噌汁の作り方を紹介しよう。

材料（2人分）

・水　お椀2杯分
・削り節　1パック（約5g）、もしくは煮干5〜6尾
・味噌　大さじ2弱
・味噌汁の具　お好きなものを適量

作り方

①鍋にお椀2杯分の水を入れる。
②削りぶし、または煮干（頭とワタをとると苦味が出ない）を入れ、火にかけ、沸騰したら火を止め3分ほどそのままにする。
③削りぶしや煮干を取り出す（フキン等でこすか、家庭用ならそのままでもいい）。
④味噌汁の具を入れ火を通す。

⑤煮えたら味噌をお玉の中でときながら加える。
⑥さっと一煮立ちしたら火を止める。

昆布を使えば上品な味に仕上がるし、煮干や削りブシはコクのある味になる。具の定番、アサリやシジミにはダシはいらない。

豆腐や油揚げ、きのこ、大根、ほうれん草など具のバリエーションはつきないが、我が家ではいろどりとして、小ネギや三つ葉を必ず散らす。

私は、味噌は赤味噌と白味噌を合わせて使っているが、単品だけよりも風味が増しておいしい気がする。

■即席漬け

即席とは名ばかりで実は料理の中で最も難しい。料理人の腕前や心遣いの差が如実に表れるのが即席漬けである。

「料理力の有無は即席漬けで分かる」と言っても過言ではない、怖い料理である。食材との対話・絶妙な塩梅・時間感覚・力加減……どれを欠いてもおいしい即席漬けはできない。

我が家でよく作るキャベツの即席漬けを紹介しよう。

材料（2人分）

・キャベツ　3枚（キャベツは重みのあるものを選び、中の柔らかい部分を使用する）
・しょうが　1片
・みょうが　2個
・大葉　3枚
・塩　小さじ2分の1

作り方

①キャベツの葉を小さめに切り、葉脈は薄くそぎ切り。しょうが1片は皮を剥いて薄く細切り、大葉3枚は細切り。みょうが2個は縦2つに切ったあと細切りにする。

②ボールにキャベツと、しょうがを入れ、塩小さじ2分の1程度を加え、指先で軽くもむ。

③10分ほどしたら水気を絞り、大葉とみょうがを混ぜる。

即席漬けは、春の小カブ、夏のキュウリ、秋のナス、冬の大根……というように、季節感を演出できる。削りぶしやゴマをトッピングし、風味を増す。レモンやゆずなど柑橘類を使い爽やかな味を作り出す。

作れば作るほど、想像力や発想力が刺激される料理なのだ。

■焼き魚

焼き魚といっても照り焼き・塩焼き・バター焼き・味噌漬けや粕漬けなど調味済みの魚を焼くなどいろいろである。単純な料理だけに、食材選びやちょっとした焼き方のコツが味やできばえに関わってくる。

1、魚の選び方

切り身魚は、形は小さくても厚みのあるものを選ぶこと。薄いと旨みが逃げやすく鮮度も落ちやすいのだ。切り身魚を洗うのはご法度である。

2、魚の焼き方

味噌漬けや粕漬けの場合はキッチンペーパーでふき取ってから焼く。

塩焼きならば、塩を振り10分ほどおいて。サンマの場合はきつめの塩水に10分ほどつけて身を引き締めて焼くといい。魚を焼く場合は、充分に網を加熱すること。

きれいに焼くコツは、**盛り付けした時に表面になるほうを4分、裏を6分の割合で焼く。**

成功者のスペシャルメニュー

■お父さんの激ウマしょうが焼き

私は今まで、しょうが焼きが嫌いだという人に出会ったことがない。ご飯のおかずにビールのお供に。育ち盛りの子供にも人気のしょうが焼きを極めれば奥さんや子供に好かれることは間違いない。

何よりも安い肉や少々鮮度の落ちた肉でも、びっくりするぐらいのおいしさに変身するのがしょうが焼きの魔力である。

材料（４人分）

・豚ロース（薄切り）　４００g
・しょうが　適量
・醤油　大さじ３
・みりん　大さじ１
・酒　大さじ１
・サラダ油　適量

①ボールに、醤油大さじ3、みりん・酒各大さじ1、しょうがの絞り汁適量を合わせる。
②①に豚ロース肉を入れ、味を馴染ませるようにもみ込む。
③②を10分ほど置いた後、サラダ油を熱したフライパンで肉を広げながら両面焼く。

一度に肉を焼きすぎないこと。1枚ずつ広げてフライパンに入れるのがコツである。しょうがはすりおろしで加えても、サラダ油を熱するときに薄くスライスしたにんにくを加えて焼いてもおいしい。その場合、にんにくが焦げやすいので途中で取り出すこと。

付け合せにはキャベツの千切りや、塩茹でのインゲン、ブロッコリー、トマトなど。男の料理らしくボリューム重視で、じゃがいもを使ってフライドポテトや粉ふきいもを添えてもいい。

■バランスのとれた男のお刺身三昧

おもてなしにも向いた料理で、パーティーのメインディッシュにもなる。簡単にできて見た目が豪華。刺身の種類は予算に応じてバリエーションがきくうえに、急に人数が増えても野菜の量やトッピングに工夫を凝らせば充分対応ができる。覚えておいて損がないお助け料理でもある。

材料（4人分）

・白身の刺身（鯛、ひらめなど）　150g
・赤身のマグロの刺身　250g
・青魚の刺身（鯵や鰯など）　100g
・レタス　5〜6枚
・キュウリ　1本
・ニンジン　3分の1本
・ネギ　2分の1本
・ピーナッツ（松の実やワンタンの皮を揚げて小さくしたものでも可）　適量
・醤油　大さじ3
・砂糖　小さじ1
・ゴマ油　大さじ1
・豆板醤　少々

作り方

①大きめの皿にちぎったレタス。キュウリ、ニンジンの細切りを敷く。
②①の上に、刺身の色のバランスを確認しながら盛り付ける。
③細切りのネギと、刻んだピーナッツを散らす。
④醤油大さじ3、ゴマ油大さじ1、砂糖小さじ1、豆板醤少々の割合で作ったたれをかけ、よくかき混ぜて食べる。たれにはレモン汁や酢、おろしたしょうがやにんにくを加えてもいい。

■チョイモテ親父の速攻パスタ

パスタ好きな女性は多い。

こんな料理ができれば、女性にモテることは間違いなしだ。

材料（4人分）

・パスタ　300g
・オリーブオイル（エキストラバージンオイルが理想）　大さじ4〜5杯
・赤唐がらし　適量
・アンチョビ（塩味をチェックすること）　2切れ
・ボイルホタテ（イカやタコ、エビでも可）　200g
・白ワイン（安物でいい）　2分の1カップ

作り方

①オリーブオイルをフライパンで熱し、赤唐がらし、刻んだにんにく適量を加え、炒める。
②アンチョビ2切れ、ボイルホタテ（イカやタコ、エビでも）を適当な大きさに切ったものを炒める。

③白ワインを加える
④茹でたパスタを加え合える。

パスタはやや固めにゆでること。
アンチョビの塩加減に注意することがコツである。
段取りよくできれば、10分もあれば、本場のパスタ顔負けのものが仕上がる。

■できる男のフルーツコンポート

甘いものが苦手な人にも好まれる大人のデザート。口直しとして、パーティーのデザートとしても簡単で気の利いた一品である。男は甘いものは食べない。デザートに興味がある男性なんて女々しいと思われたのは昔のことだ。

できる男なら女性の好きなデザートのひとつもできて当然である。まだまだ、男の料理は繊細さに欠けると思っている女性が多いだけに、他者と差別化できる重要レシピである。

材料（4人分）

・イチゴ　半パックくらい
・オレンジ　1個
・パイナップル（缶詰で可）　3枚
・りんご　2分の1
・バナナ　適量（甘いものが好きな方は多め）
・砂糖　大さじ2～3杯
・シェリー酒またはラム酒　大さじ2～3杯

作り方

①イチゴは洗ってヘタをとり、2つに切る。

②オレンジは皮を剥き果肉を取り出す。
③パイナップルは小さく切り、りんごはいちょう切り、バナナは輪切りにする。
④①〜③を合わせボールに入れ、砂糖とシェリー酒またはラム酒大を振りかけて、冷蔵庫で20分ほど置く。

アイスクリームを添えたり、プレーンヨーグルトを添えるのもお勧めである。

エピローグ　思い通りの人生をあなたへ

思い通りの人生を生きる、幸せな成功者になる……これを難しいと考えている人がいるが、実はそんなに難しいことではない。

夢や希望は、才能やチャンスの問題ではなく、あなたの考え方次第でいくらでも実現可能だからだ。

思う通りの人生を生きるのも、あきらめるのも、あなたの考え方や行動をちょっと変えるだけで、いくらでも手元に引き寄せることができる。

幸せな成功者となった人は、選ばれた人でもなんでもない。

ただ、考え方や行動が他の人とはちょっと違うだけなのだ。

エピローグ　思い通りの人生をあなたへ

16年前私は、病身の主人に代わって突然経営者になった。

会社勤めの経験すらなかった私は何から手をつけていいのか全く分からず、目の前にあることだけを片付けるので精一杯だった。

夢や希望とは無縁の生活の中で、唯一自分を取り戻せたのが料理を作ること。

愛する人や、大切な人の顔を思い浮かべながら料理を作るうちに、料理には人生を変えるパワー「料理力」があることを知ったのである。


多額の負債を抱えていた会社の業績が好転する。

疎遠になっていた友人から突然連絡がある。

仲違いしていた知人の誤解が解ける。

社員が積極的に新商品の企画を提案するようになる……。

思いもかけないような嬉しい出来事が次から次に起こったのである。


私だけではない。

料理力を伝え、実践した私の友人や知人たちにも、数えきれないほどの嬉しい出来事が起こったのだ。

これは流れに乗った状態「フロー」であると言える。

料理には計り知れないパワーがあると、さらに私は確信したのである。

そして、この本の誕生ではさらに大きなフローを経験することになる。

私は何らかの形で料理力の存在を世の中に伝えたいと、7年ほど前から考えていた。しかし、栄養士の肩書きはあるものの、私は料理とは無縁のビジネスをしてきた人間だ。伝える手段として書籍は真っ先に浮かんだが、当時は著者としての実績もないに等しい状態。

それに経営術や営業術の本なら出版の可能性があるだろうが、料理となると可能性は皆無ではないか……。実際、出版社数社に「料理で人生が変わる本」を出版したいと打診したが、全く取り合ってもらえなかった。

しかし、経営者としての仕事が繁忙を極めれば極めるほど「料理力」に支えられている自分を確信できたし、周囲にも料理好きな経営者、料理がきっかけで人間関係がよくなった、ビジネスがうまくいくようになったと語る経営者や友人、知人が増えていったのだ。

「料理力を伝えるのは私の使命である！」

そうまで思うようになったとき、すでにフローが起こっていたのかもしれない。

フローは、信じられない奇妙な偶然の一致であるシンクロニシティを次々に運んでくることになる。

その日は、大阪から取引先の社長がみえて一緒に夕食をとる約束があった。ところが当日の朝、体調不良でどうしてもいけないと連絡があったのだ。

それならば、夜は自宅でのんびりしようと思った瞬間、なぜか本棚に足が向いたのだ。何気なく手に取った本は『夢をかなえる「そうじ力」』（舛田光洋著／総合法令出版）。

意識せずページをめくる……。

あとがきで手が止まり、担当編集者の金子尚美さんの名前が目に飛び込んできた。

「この人に会いたい！」なぜか分からないがそう感じたのである。

すぐにインターネットで検索すると、当日セミナーの講師として渋谷で講演されることが分かった。この時点でお昼を回っていただろう。

セミナーに申し込もうとインターネットの掲載ページを見ると「満員御礼！　締め切りました」の文字が。諦めきれずに電話で問い合わせると、5分ほど前に1人キャンセルが入って参加できるとのこと。私は喜び勇んで参加したのである。


セミナーの内容は著者として、刺激や気づきを受けるものばかりで、それだけでも参加した価値は十分あった。

最後にセミナーの司会をしていたエリエス・ブック・コンサルティングの土井英司さんが「次はどんな企画をやりたいですか？」と金子さんに質問した。

その瞬間、なぜだか分からないのだが、「料理という言葉が出るに違いない」と私は直感した。


「料理と自己啓発が結びついた本……」金子さんの言葉を聞いて体が震えた。

私がずっと著したかったのはこれなんだ……。

「私の気持ちを金子さんなら分かってもらえる」と、胸が熱くなったのを今でも忘れることはできない。

その後、企画が進行し、この本の完成に至ったのである。

完成前から、幸運なフローが起こっていた。

タイトルが決まらない段階で出版イベントの依頼が次々に舞い込む。

PRに一役買いたいという仲間の応援もある。

何よりも私自身が料理力によって本当に自分のやりたいことが見えてきた。

将来の不安よりも希望、諦めよりも信念の重要性を新たに学び、生き方そのものをこの本の出版で問い直すことができたのである。

料理力を理解し、実践したあなたには、フローがおき、シンクロニシティを体験する。

考え方や行動が変わることで最高の自分に出会い、幸せな成功者になれるのだ。

本書を著す過程の中で、様々な方に協力を頂いた。

総合法令出版の金子尚美さん、あなたがいなかったらこの本は産声をあげていなかっただろう。ありがとうございました。

亡き主人、臼井隆盛さん、あなたの存在があったからこそ、料理力を知ることができた。ありがとうございました。

これからもあなたを感じながら「料理」を作り続ける私を見守っていてほしい。

最後に多くの書籍の中から本書を選び、最後まで読んでくださったあなたに心から感謝をささげたい。ありがとうございました。

料理力によって、あなたの人生がますます輝き、素晴らしいものになりますように。

２００７年10月　感謝と願いを込めて

臼井由妃

【著者紹介】

臼井由妃（うすい・ゆき）

1958年東京生まれ。株式会社健康プラザコーワ／有限会社ドクターユキオフィス代表取締役。理学博士・健康医科学博士・MBA・行政書士・宅地建物取引主任者・栄養士。

33歳で結婚後、病身の夫の跡を継ぎ、会社経営に携わる。次々にヒット商品を開発し、また独自のビジネス手法で通販業界で大成功を収め、借金3億円を抱えた会社を年商23億円の優良企業に変える。その躍進がメディアにも注目され、日本テレビの「マネーの虎」（放送終了）の出演により全国にその名を知られるようになる。

経営者・講演者・経営コンサルタントとして活躍する傍ら、数々の難関資格を取得し、その勉強法も注目される。

主な著書に『1週間は金曜日から始めなさい』（かんき出版）、『10倍儲かる通販ビジネスの秘密』（日本実業出版）、『忙しい人の即効！勉強術』『1分で人を動かす心理作戦！』（すばる舎）、『今すぐできることから始めよう』（ディスカヴァー・トゥエンティワン）他がある。

ドクターユキオフィスＨＰ　http://www.dr-yuki.com
ドクターユキブログ　http://plaza.rakuten.co.jp/dryuki

視覚障害その他の理由で活字のままでこの本を利用できない人のために、営利を目的とする場合を除き「録音図書」「点字図書」「拡大写本」等の製作をすることを認めます。その際は、著作権者または出版社まで御連絡ください。

あなたの年収を3倍にする
料理のパワー

2007年10月25日　初版発行

著　者　臼井由妃
発行者　仁部　亨
発行所　総合法令出版株式会社
〒107-0052　東京都港区赤坂1-9-15　日本自転車会館2号館7階
電話　03-3584-9821㈹
振替　00140-0-69059
印刷・製本　中央精版印刷株式会社

©YUKI USUI 2007 Printed in Japan
ISBN978-4-86280-033-6

落丁・乱丁本はお取り替えいたします。
総合法令出版ホームページ　http://www.horei.com